Técnicas de información y atención al cliente/ consumidor

Miguel Ángel Sánchez Maza

Francisco Alfonso Izquierdo Carrasco

ic editorial

Técnicas de información y atención al cliente/consumidor
© Miguel Ángel Sánchez Maza
© Francisco Alfonso Izquierdo Carrasco

1ª Edición

© IC Editorial, 2025

Editado por: IC Editorial
c/ Cueva de Viera, 2, Local 3
Centro Negocios CADI
29200 Antequera (Málaga)
Teléfono: 952 70 60 04
Fax: 952 84 55 03
Correo electrónico: iceditorial@iceditorial.com
Internet: www.iceditorial.com

ISBN: 978-84-1184-741-4
Depósito Legal: MA 593-2025

Impresión: PODiPrint
Impreso en Andalucía – España

Nota de la editorial: IC Editorial pertenece a Innovación y Cualificación S. L.

Presentación del manual

El **Certificado de Profesionalidad** es el instrumento de acreditación, en el ámbito de la Administración laboral, de las cualificaciones profesionales del Catálogo Nacional de Cualificaciones Profesionales adquiridas a través de procesos formativos o del proceso de reconocimiento de la experiencia laboral y de vías no formales de formación.

El elemento mínimo acreditable es la **Unidad de Competencia.** La suma de las acreditaciones de las unidades de competencia conforma la acreditación de la competencia general.

Una **Unidad de Competencia** se define como una agrupación de tareas productivas específica que realiza el profesional. Las diferentes unidades de competencia de un certificado de profesionalidad conforman la **Competencia General,** definiendo el conjunto de conocimientos y capacidades que permiten el ejercicio de una actividad profesional determinada.

Cada **Unidad de Competencia** lleva asociado un **Módulo Formativo,** donde se describe la formación necesaria para adquirir esa **Unidad de Competencia,** pudiendo dividirse en **Unidades Formativas.**

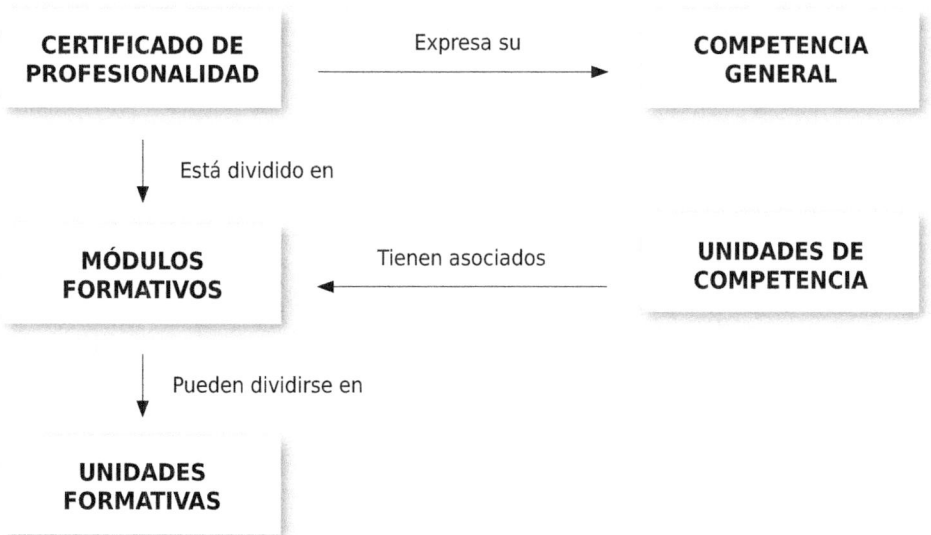

El presente manual desarrolla la Unidad Formativa **UF0037: Técnicas de co-municación y atención al cliente/consumidor,**

perteneciente al Módulo Formativo **MF0241_2: Información y Atención al cliente / consumidor / usuario,**

asociado a la unidad de competencia **UC0241_2: Ejecutar las acciones del servicio de atención al cliente / consumidor / usuario,**

del Certificado de Profesionalidad **Actividades de venta.**

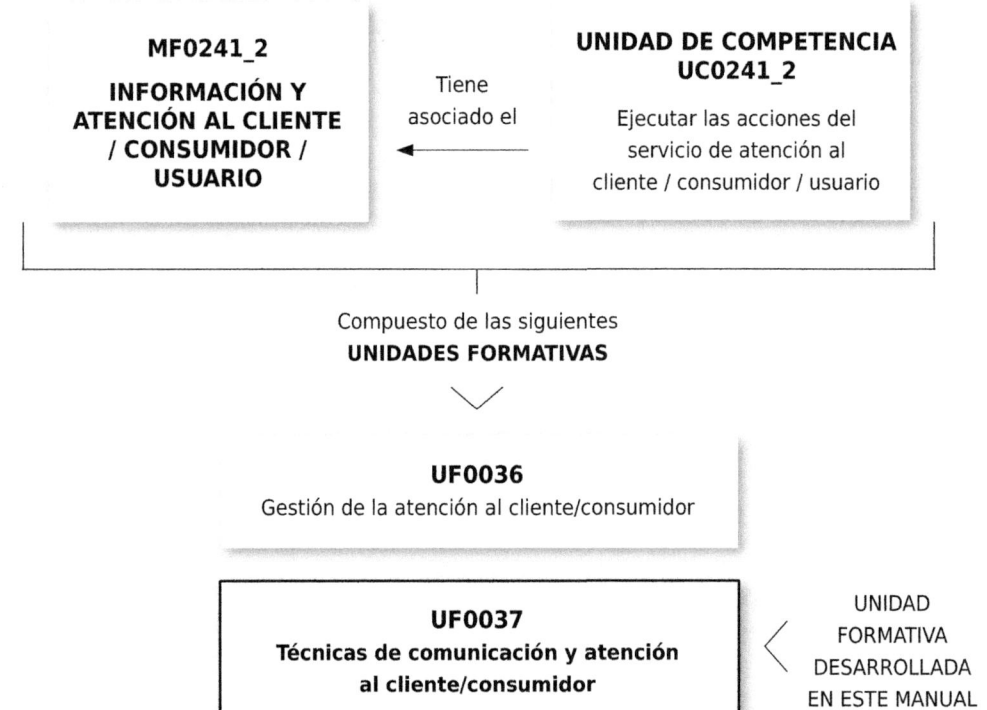

FICHA DE CERTIFICADO DE PROFESIONALIDAD

(COMV0108) ACTIVIDADES DE VENTA (R. D. 1377/2008, de 1 de agosto modificado por el R. D. 1522/2011, de 31 de octubre)

COMPETENCIA GENERAL: Ejecutar las actividades de venta de productos y/o servicios a través de los diferentes canales de comercialización estableciendo relaciones con el cliente de la manera más satisfactoria, alcanzando los objetivos propuestos por la organización y estableciendo vínculos que propicien la fidelización del cliente.

Cualificación profesional de referencia		Unidades de competencia	Ocupaciones o puestos de trabajo relacionados
COM085_2 ACTIVIDADES DE VENTA (R. D. 295/2004, de 20 de febrero y modificaciones publicadas en el R. D. 109/2008, de 1 de febrero)	UC0239_2	Realizar la venta de productos y/o servicios a través de los diferentes canales de comercialización	• 4601.002.5 Cajero/a de comercio • 5330.001.0 Dependiente de comercio • Vendedor/a • Promotor/a comercial • Operador de contac-center • Teleoperadoras (call-center) • Televendedor/a • Operador/a de venta en comercio electrónico • Técnico de información y atención al cliente
	UC0240_2	Realizar las operaciones auxiliares a la venta	
	UC0241_2	Ejecutar las acciones del servicio de atención al cliente / consumidor / usuario	
	UC1002_2	Comunicarse en inglés con un nivel de usuario independiente, en actividades comerciales	

Correspondiencia con el Catálogo Modular de Formación Profesional

Módulos certificado	Unidades formativas	Horas
MF0239_2: Operaciones de venta	UF0030: Organización de procesos de venta	60
	UF0031: Técnicas de venta	70
	UF0032: Venta online	30
MF0240_2: Operaciones auxiliares a la venta	UF0033: Aprovisionamiento y almacenaje en la venta	40
	UF0034: Animación y presentación del producto en el punto de venta	60
	UF0035: Operaciones de caja en la venta	40
MF0241_2: Información y Atención al cliente/consumidor/usuario	UF0036:Gestión de la atención al cliente/consumidor	60
	UF0037:Técnicas de comunicación y atención al cliente/consumidor	60
MF1002_2: Inglés profesional para actividades comerciales		90
MP0009: Módulo de prácticas profesionales no laborales		80

Índice

OBJETIVOS GENERALES

El objetivo general del módulo formativo **MF0239_2: Información y aten-ción al cliente/consumidor/usuario,** en el que queda integrada la UF0037: Técnicas de información y atención al cliente/consumidor, es:

- Ejecutar las acciones de Atención al Cliente/Consumidor/Usuario.

Los objetivos generales de la unidad formativa **UF0037: Técnicas de infor-mación y atención al cliente/consumidor,** son:

- Proporcionar directa, telefónicamente o por medios electrónicos la infor-mación que requiere el cliente/consumidor/usuario en cada una de las consultas realizadas en lengua propia o extranjera, de acuerdo con el contexto específico de que se trate.
- Gestionar un sistema de información que optimice el coste y tiempo de tratamiento y acceso a la misma de acuerdo con las especificaciones es-tablecidas.
- Intervenir en el proceso de gestión de la calidad del servicio prestado por la empresa, analizando necesidades y grado de satisfacción de las mismas.

Gestión y tratamiento de la información del cliente/consumidor

Contenido

Objetivos

Los objetivos específicos de esta Unidad de Aprendizaje son los siguientes:

→ Aplicar técnicas de comunicación en situaciones de atención/asesoramiento al cliente.

→ Aplicar técnicas de organización de la información, tanto manuales como informáticas.

→ Manejar como usuario aplicaciones informáticas de control y seguimiento de clientes o base de datos y aplicar procedimientos que garanticen la integridad, seguridad, disponibilidad y confidencialidad de la información almacenada.

1. Introducción

Actualmente, en las empresas se maneja multitud de **información relacionada con clientes** que es necesario gestionar y tratar de una forma específica para que pueda ser recuperada en cualquier momento. Si bien es cierto que la información es poder, no servirá de nada si no se encuentra perfectamente organizada y disponible en el momento en el que se precise.

Una de las fuentes de información primaria con la que cuenta la empresa son las quejas y reclamaciones de los consumidores. Su adecuado tratamiento permitirá, además de aumentar esos bajos niveles de satisfacción, ahorrarnos campañas de comunicación negativas por parte de los clientes descontentos.

La información se puede clasificar atendiendo a diferentes métodos, siendo una de las herramientas más eficientes para su almacenamiento las **bases de datos,** que se han convertido en un elemento fundamental para el tratamiento de la información, tanto de las grandes como de las pequeñas y medianas empresas.

Dependiendo del destinatario de esa información, esta se debe presentar de forma más o menos concreta, es por ello que se estudiarán aspectos relativos a la confección y presentación de **informes.**

Para el desarrollo del contenido analizaremos la gestión y tratamiento de la información del grupo empresarial LIMPISA, S. L., empresa líder en la comercialización y fabricación de maquinaria y productos de limpieza, con sede central en un polígono industrial a las afueras de Valladolid.

2. Información del cliente

👉 HILO CONDUCTOR

Dadas las dimensiones y el volumen de transacciones que se realizan diariamente en el grupo LIMPISA, sus empleados tienen que atender en muchas ocasiones las quejas y reclamaciones de los clientes.

Francisco es el responsable de atención al cliente del grupo LIMPISA, y necesita asegurarse de que todos los empleados de la empresa que tengan un trato directo con el cliente conocen las pautas para atender las quejas y reclamaciones.

Las quejas y reclamaciones de los clientes, junto con los cuestionarios entregados por estos, constituyen una importante **fuente de información** para las empresas.

Casi todas las empresas reciben quejas o reclamaciones. Si estas no se producen lo más probable es que los clientes que pudieran dirigirlas lleguen a pensar que no merece la pena molestarse.

En el momento en el que un cliente comunica su queja o reclamación resulta absolutamente obligatorio escucharle y tratar de entender sus problemas para, de esta manera, poner en marcha un procedimiento que permita explicarle la situación y solucionarla.

A continuación, se definirá el concepto de queja y reclamación, así como la forma en la que se deberá actuar, atendiendo a los documentos que generan y el tratamiento más adecuado a las mismas.

2.1. Quejas y reclamaciones

Es cierto que una tendencia innata del ser humano es el rechazo a las críticas negativas. Sin embargo, esa es la actitud más errónea que se puede adoptar ante este tipo de situaciones.

Las **quejas** atienden a la expresión de disgusto por parte del cliente, normalmente motivado por el servicio prestado por la empresa.

Las quejas son menos graves que las reclamaciones, en el caso de las actuaciones que constituyen un delito de lesiones al cliente, se trataría de una reclamación. Los motivos que originan con más frecuencia quejas y reclamaciones son:

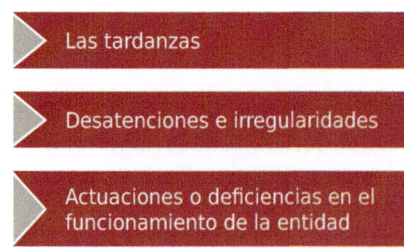

Las tardanzas

Desatenciones e irregularidades

Actuaciones o deficiencias en el funcionamiento de la entidad

Una vez que conoces el concepto de queja y cuáles son los motivos más comunes que las originan, el siguiente paso es la reclamación; a continuación se explicará en qué consiste y cómo proceder ante ella.

La **reclamación,** por su naturaleza, resulta más grave. El error suele ser más importante, y el cliente que reclama, espera y exige, una compensación.

La presentación del escrito de queja o reclamación puede realizarse personalmente, por medios informáticos o a través del correo electrónico. Este documento debe contener como mínimo la siguiente información:

- ⮑ Identificación del reclamante.
- ⮑ Identificación de la póliza, recibo o factura.
- ⮑ Identificación de la delegación, del departamento o servicio, del agente comercial o agencia.
- ⮑ Causas que motivan la queja o reclamación.
- ⮑ Solicitud que formula al servicio de atención al cliente.
- ⮑ Lugar, fecha y firma.

Una vez has identificado la Información necesaria que debe contener una reclamación, a continuación se presentarán las principales partes de las que se compone un documento oficial para reclamar, la **hoja de reclamaciones.**

La hoja de reclamaciones

Las hojas de reclamaciones son un instrumento eficaz que tienen los consumidores y usuarios para defender y proteger sus intereses, para expresar a la Administración con competencias en materia de consumo su disconformidad en los casos en que considere que un producto, bien o servicio adquirido de una empresa o comercio, no reúne las características o exigencias por las que paga.

A continuación, se presenta un modelo de hoja de reclamaciones de la Junta de Andalucía en el que podrás identificar las diferentes partes a cumplimentar.

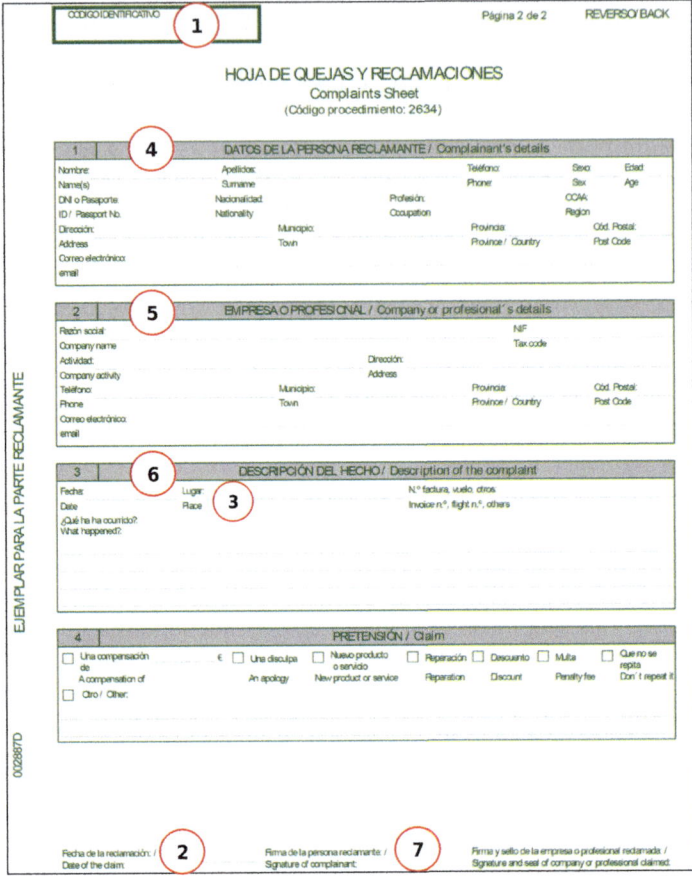

1. **Identificación de la hoja de reclamación:** es el código que identifica a la queja o reclamación.
2. **Fecha y hora:** debe constar la fecha y hora en la que se presenta la reclamación.
3. **Lugar:** debe reflejarse el lugar en el que se han producido los hechos.
4. **Identificación del reclamante:** incluye su nombre, apellidos, NIF, código postal y domicilio del interesado. Puede incluir también los datos del representante legal del reclamante, en el caso de que lo tuviera.
5. **Identificación de la delegación, del departamento o servicio del agente comercial o agencia:** donde se hubieran producido los hechos, si la queja o reclamación proviene de su actuación.
6. **Causas que motivan la queja o reclamación:** con especificación clara de las cuestiones sobre las que se hace esta. Se debe aportar, en su caso, copia de todas las pruebas documentales de las que se disponga y que evalúen su posición.
7. **Firma:** finalmente, deberá ir firmada por ambas partes.

 **IMPORTANTE**

Con la entrada en vigor de la Ley 7/2017, de 2 de noviembre, se ha eliminado la obligación del comerciante de disponer de hojas de reclamaciones oficiales. En su lugar, se establece la obligatoriedad de poner a disposición del consumidor o usuario de información con los datos de contacto de la empresa para hacer llegar la reclamación. No obstante, las competencias en esta materia son de las comunidades autónomas y en muchas de ellas aún es obligatorio disponer de las hojas de reclamaciones oficiales en formato físico.

https://redirectoronline.com/uf0037/0101

Las hojas de reclamaciones tienen una regulación específica que deberán tener en cuenta todos los establecimientos comerciales:

⮞ Las empresas que comercialicen productos o servicios están obligadas a disponer de un libro de quejas y reclamaciones convenientemente numerado y sellado, u otro procedimiento de recogida y tramitación para gestionarlas. Además, deberán colocar un cartel en una zona visible en el que se informe al consumidor o usuario de su existencia. El texto a incluir en el cartel difiere según la comunidad autónoma.
⮞ El formulario de las hojas de reclamaciones cuenta con tres hojas; una de ellas para el reclamante, otra para la empresa y una tercera que se debe entregar en la oficina de consumo o la asociación de consumidores.
⮞ En la Ley General para la Defensa de los Consumidores y Usuarios existen una serie de directrices reguladoras de las quejas y reclamaciones, no obstante, cada comunidad autónoma dispone de una normativa específica para su regulación.

Tratamiento de quejas y reclamaciones

Para poder responder y solucionar eficientemente las quejas y reclamaciones de nuestros clientes, es necesario, en primer lugar, **identificar el tipo de**

queja o reclamación que se trate, ya que lo que en ocasiones parece una queja puede no ser más que una confusión y viceversa.

El cliente percibe a la persona que le atiende como la empresa. Es fundamental no tomarse las quejas como algo personal y no desviarlas, excepto que así proceda, debido a que determinada persona o departamento atienda específicamente esas cuestiones.

Para escuchar al cliente hay que mantener en todo momento la calma.

El personal en contacto con el cliente y, en especial, el encargado del tratamiento de reclamaciones, ha de conocer y enfatizar ciertos **aspectos generales** en el contacto personal con el cliente que presenta sus quejas:

- ⊃ **Mantener la calma y escuchar al cliente:** se debe escuchar al cliente activamente, mientras expone todas sus quejas, sin interrumpir, mostrando una actitud serena y comportándose de forma racional. En ningún caso se debe discutir ni intentar rebatir las opiniones de los clientes, aunque las consideremos erróneas.
- ⊃ **Mostrar interés e investigar sus causas:** es preciso manifestar preocupación por el problema del cliente, pues cuanta más información tengamos sobre su queja, mejor nos podremos enfrentar a la situación, logrando así dar la solución esperada al cliente.
- ⊃ **Facilitar las vías de reclamación (interna) y tratar de solucionar el problema:** registrar la queja y dirigirse con el reclamante a la persona que pueda ayudarle. Es indispensable ofrecer al cliente una solución rápida y eficaz a su problema.
- ⊃ **Pedir disculpas:** resulta muy importante disculparse en nombre de la empresa por las molestias producidas. Al mismo tiempo se darán las explicaciones pertinentes sobre los motivos que han generado el problema.

- **Despedida y agradecimiento:** con este comportamiento se pretende llevar al cliente ante una nueva actitud. Resulta efectivo que el cliente vea que su queja no ha sido considerada por nosotros como un ataque, sino como una ocasión para brindarle soluciones.
- **Gestión de la queja o reclamación:** la queja o reclamación debe ser registrada en un informe, tanto si ha sido resuelta en el momento como si no. En el primero de los casos será archivada y, en el segundo, será remitida al departamento o persona encargada de realizar el seguimiento.

Todos los trabajadores de la empresa que se encuentren en contacto directo con los clientes deberán comunicarse de forma resolutiva y positiva, y mostrarse colaborativos para solucionar rápidamente la incidencia.

A la hora de atender las quejas y reclamaciones de los clientes, existen una serie de pautas de conducta adecuadas que siempre deben seguirse.

Conductas en el tratamiento de quejas y reclamaciones

Comportamientos positivos	Comportamientos negativos
Escuchar de manera activa al cliente que reclama.	Mostrar poco interés hacia el reclamante.
Mantener el contacto visual.	No mirar al reclamante a los ojos.
No perder la compostura (utilizar frases como "sé cómo debe sentirse", "comprendo por qué se siente así".	Dejarse llevar por la ira o el enojo, haciendo del problema algo personal.
Mostrar empatía y tratar de ponerse en el lugar del cliente reclamante. Resulta realmente útil utilizar frases del tipo "comprendo perfectamente sus razones", "entiendo cómo debe sentirse".	No ponerse en la situación de la persona que reclama y analizar la queja o reclamación exclusivamente desde nuestra perspectiva.
No regañar al cliente ni discutir con él, aunque este no lleve razón o la queja parezca trivial.	Contradecir o intentar oprimir verbalmente al reclamante, aunque esto sea posible.
Tratar al cliente de manera personalizada para que sienta que es importante para la empresa. Utilizar su nombre al dirigirnos a él.	Tratar al reclamante como si fuese "uno más".
Centrarse en el problema y no en la persona.	Expresar opiniones personales sobre la actuación de otras personas, sobre la empresa o echar la culpa a compañeros.

Continúa en página siguiente >>

<< Viene de página anterior

Conductas en el tratamiento de quejas y reclamaciones

Comportamientos positivos	Comportamientos negativos
Resultar un elemento de ayuda cuando el cliente presente la queja o reclamación: indicar lo que el cliente debe hacer, lo que nosotros podemos hacer por él, no crear falsas expectativas, etc.	Resultar un entorpecimiento para que el cliente exprese su queja o liarlo en el procedimiento a seguir para dificultar que su queja salga adelante.

Conductas en el tratamiento de quejas y reclamaciones

Comportamientos positivos	Comportamientos negativos
Intentar que el cliente se sienta cómodo y relajado: invitarlo a tomar asiento, guiarlo hacia donde se dirija, ofrecer alguna bebida, etc.	Favorecer que el problema se difunda a otros clientes o resulte el centro de atención.
De acuerdo con los procedimientos estipulados por la empresa, registrar la queja, ofrecer la actuación adecuada o dirigir al cliente a la persona que le pueda ayudar (tomar notas, el cliente ante esto se calmará y se ceñirá a los hechos).	Asumir una responsabilidad, más allá de las disculpas, si no está en nuestras manos o no depende solo de nosotros.
Asegurarnos de que el reclamante se ha enterado bien de la actuación que se va a seguir y quién va a ocuparse del seguimiento de su queja (realizar un informe del mismo).	Resolver el problema de manera lenta e ineficaz.

 TAREA 1

Antonio trabaja en la recepción de un hotel, uno de sus clientes hizo una reserva por internet, pero esta no se gestionó correctamente por parte del establecimiento. Cuando el cliente llega al hotel y pregunta por su reserva, Antonio le pide disculpas y le comunica que hay *overbooking,* por tanto, el cliente no podrá pasar la noche en el hotel. El cliente, ante tal situación, decide poner una reclamación al establecimiento.

Continúa en página siguiente >>

<< Viene de página anterior

Identifica y explica las fases del proceso de atención de quejas y reclamaciones, y confecciona un listado en el que se recojan los errores más comunes de comunicación no verbal que podría cometer el responsable de gestionar la queja/reclamación.

 TAREA 2

Es el primer día de trabajo de Felipe en un establecimiento comercial, por una mala gestión del vendedor que ocupaba anteriormente su puesto, ha llegado un cliente descontento a presentar una reclamación. Ante su falta de experiencia, Felipe no sabe cómo actuar.

Explica a Felipe cuáles son los parámetros, formas y actitudes que caracterizan la atención y asesoramiento al cliente en el proceso de recepción y tratamiento de quejas y reclamaciones, así como las técnicas que se emplean en el proceso.

2.2. Cuestionarios de satisfacción

Los cuestionarios de satisfacción se utilizan para conocer la percepción que tienen los consumidores sobre los productos de la empresa y para saber cómo es valorada la atención recibida por el cliente.

Con la información proporcionada por los cuestionarios se toman decisiones, se definen y mejoran muchas de las actividades de nuestro negocio, con el objetivo de satisfacer a los clientes en el mayor número de aspectos posibles.

¿Cómo se elaboran los cuestionarios de satisfacción?

Es fundamental pensar, planificar y elaborar el cuestionario con detenimiento y unidad. Para su elaboración pueden servirte de guía las siguientes consideraciones:

Identificar al público	Identificar secciones	Preguntas al detalle
- Hay que segmentar el tipo de público al que va dirigido el cuestionario.	- Hay que definir las cuestiones que interesa evaluar. En este aspecto sirve de gran ayuda configurar una lista con las etapas más importantes por las que tiene que pasar el cliente desde el momento en que se relaciona con nosotros por primera vez hasta el momento en que finaliza la compra del producto.	- Para cada área se asignarán una serie de preguntas. Entre ellas: accesibilidad, nivel de profesionalidad, rapidez de respuesta, tiempo de resolución, seguimiento, información, plazos de entrega, documentación, apoyo, seguridad, fiabilidad, flexibilidad, atención, imagen, servicio y calidad-precio.

 **EJEMPLO**

A continuación, mostramos un ejemplo de cuestionario de satisfacción del cliente, siguiendo las pautas que se acaban de explicar para su elaboración. Podrás observarlo escaneando el siguiente código:

https://redirectoronline.com/uf00370102

 TAREA 3

Zapaterías Márquez es una empresa que se dedica a la fabricación, y comercialización de calzado a través de una tienda *online*. Su gerente quiere conocer el grado de satisfacción de los clientes con su producto.

Continúa en página siguiente >>

<< Viene de página anterior

Diseña un cuestionario de satisfacción que pueda servir al gerente para cumplir su propósito.

3. Archivo y registro de la información del cliente

☞ HILO CONDUCTOR

Para contar con un registro de los clientes de LIMPISA, Francisco ha decidido crear un sistema de archivo que permita a los trabajadores del departamento de atención al cliente y *telemarketing* contar con información detallada sobre sus compras, incidencias, motivo de sus llamadas, etc. Este archivo será una fuente de información indispensable para la empresa.

En cualquier empresa u organización, el archivo constituye uno de los más valiosos instrumentos. En él se recopilan de forma organizada los registros y documentos de interés para la empresa.

El archivo constituye una valiosa fuente de información para la empresa.

IMPORTANTE

Un archivo no es efectivo si los documentos que contiene no pueden ser localizados con prontitud.

Es importante archivar y registrar la información del cliente de forma organizada, se hace necesario, a su vez, conocer cuáles son las principales técnicas de archivo, atendiendo a su naturaleza y finalidad; a continuación, se abordarán estos aspectos.

3.1. Técnicas de archivo: naturaleza y finalidad del archivo

El archivo es el espacio físico donde se guardan los documentos, albergando el conjunto de datos producidos y recibidos en cualquier organización, ya sea en **soporte físico** o **digital.**

Ante el manejo de archivos, es importante conocer cuáles son las principales funciones de estos, su aporte y fin en el manejo de la información.

El principal objetivo del archivo es la conservación de documentos de forma ordenada para agilizar su búsqueda. Para ello, el archivo debe:

> Reunir ordenadamente los documentos que circulan por la empresa.

> Asegurar la correcta conservación de los documentos.

> Asegurar rapidez en la localización y envío de documentos a los departamentos de la empresa.

El departamento responsable de guiar las inspecciones de trabajo, hacienda, etc., será el responsable de realizar las tareas que se necesiten inspeccionar. Estos pedirán al archivo la documentación que precisen los inspectores.

El principal objetivo que persigue el archivo es la **conservación de los documentos.** Esto se debe, por un lado a que la legislación reguladora lo exige para determinados tipos de documentos y, por otro, a la utilidad y valor que poseen dichos documentos para la empresa.

En consecuencia, se han de marcar unas pautas que indiquen cuáles son los documentos que se archivarán y cuáles se destruirán.

Archivo de documentos: captación, elaboración de datos y custodia

Es muy importante que en todo el proceso de gestión y conservación de los documentos se controle de una manera eficaz la creación, recepción, conservación, utilización y eliminación de los mismos.

Para que los documentos que forman el archivo se conserven de forma adecuada, se deben cumplir las siguientes **etapas:**

> **Entrada de documentos**
> - El documento entra o se genera en la empresa.

> **Elaboración de datos**
> - Es importante procurar que no se pierda ningún documento. Para ello, se procederá a:
> - Anotar los datos en orden cronológico del documento en los registros de entrada/salida que corresponda.
> - Enviar el documento al departamento que va dirigido.

> **Salida para su custodia**
> - Se clasifica el documento y se procede a archivarlo.

PARA SABER MÁS

El Ministerio de Cultura y Deporte ofrece en su web un enlace que informa acerca de los Archivos Estatales, dónde están, qué servicios ofrecen y cuáles son sus principales líneas de actuación. Consulta esta información escaneando el siguiente código:

Continúa en página siguiente >>

<< Viene de página anterior

https://redirectoronline.com/uf00370103

El proceso de archivo

El proceso de archivo se ocupa de **recepcionar, ordenar, clasificar y conservar** adecuadamente los documentos en un lugar determinado a fin de localizarlos fácil y rápidamente, y protegerlos de pérdidas y deterioros.

Identificación

En primer lugar, se identificará el documento a archivar.

Valoración

Cálculo de su vigencia, efímera o permanente. Habrá que establecer un criterio de selección de los documentos que defina cuáles son los documentos que se deben archivar y cuáles no.

Organización

Para que la organización se haga de forma correcta, hay que desarrollar un método objetivo que consiga que el **resultado del archivado sea siempre el mismo,** independientemente de la persona que lo realice.

Clasificación

La clasificación consiste en unir y separar grupos documentales. Podemos clasificar la información en función de su contenido informativo, del valor administrativo que tengan y de su valor legal.

A continuación, se muestra un ejemplo de clasificación de documentos:

Documentos que requieran información	En función del valor informativo de los documentos	Documentos con poca o ninguna información útil
- Los contratos del personal laboral. - El libro de inventarios y balances, etc. - Las facturas emitidas y las recibidas. - Las pólizas de seguros. - Etc.	- Documentos con información reservada. - Documentos con información confidencial. - Las notas de entrega. - Las cartas de reclamaciones, pedidos, etc.	- Felicitaciones. - Material publicitario. - Borradores de cartas o de informes, etc.

Ordenación

La ordenación consiste en establecer, dentro de las series, **expedientes y documentos ya clasificados.** Los criterios de ordenación más empleados habitualmente son:

- ⮑ Una secuencia natural, se ordenan los documentos en función del momento en el que se originan.
- ⮑ Alfabética (expedientes personales o de materias).

- Geográfica (series y documentos referidos a ciudades, barrios o calles).
- Numérica, el orden numérico es cerrado y no permite interpolaciones ni pérdidas.

Instalación

Consiste en exponer la documentación ya clasificada y ordenada. Puede hacerse atendiendo a dos grandes grupos: el sistema de archivo físico e informático.

Sistema de archivo informático	
Disco duro	**Cintas magnéticas**
Es uno de los medios que se usa como almacenamiento principal de información.	Las cintas magnéticas de almacenamiento de datos se usan principalmente como medio para realizar copias de seguridad. Aunque es un sistema antiguo se sigue usando actualmente, ya que tiene una gran durabilidad, un reducido coste y pueden llegar a tener una gran capacidad de almacenamiento.
CD / DVD / *Blue-ray Disc*	**Memoria USB**
Son discos ópticos que sirven de unidades de almacenamiento externo de datos en formato digital. Además del Cd-Rom y el DVD, el uso de copias de seguridad en *Blue-ray* ha aumentado, ya que no pueden ser modificados una vez grabados, lo que los protege ante posibles ataques informáticos.	La capacidad de almacenamiento de las memorias USB, también llamadas "Lápiz de memoria" o *pendrive* es cada vez mayor y uno de los medios que también se usan con frecuencia por su facilidad de transporte, aunque se debe valorar el inconveniente que supone su fácil extravío o sustracción.
Almacenamiento en red	**Almacenamiento en la nube**
Sirve para almacenar gran cantidad de información en un servidor compartido en red. Permite controlar quién tiene acceso a la información almacenada.	Se pueden utilizar los sistemas de almacenamiento en la nube como medio de almacenamiento externo, para compartir la información o como una solución de copia de seguridad remota.

Sistema de archivo físico	
Archivo vertical	**Archivo lateral**
 Los documentos son almacenados en carpetas individuales, colgando de una guía dentro de las gavetas. Las carpetas se colocan una detrás de otra con el borde que presenta la pestaña hacia arriba, donde se escribe la identificación de lo que allí se conserva.	 Los documentos se archivan uno al lado del otro, como los libros de estantería en una biblioteca. Normalmente se archivan a su vez en carpetas o cajas que se colocan paralelamente.
Archivo horizontal	**Cajas de archivo**
 Los documentos son almacenados uno encima del otro. Es muy útil en el caso de tener que archivar pocos documentos o para almacenar planos o mapas.	 En ellas se guarda la documentación que se quiere cerrar como definitiva, la que no se va a utilizar más, pero que es necesario conservar.
Archivo de tarjetas o tarjetero	**Sistema de microfilmación**
 Son fichas que se utilizan cuando se quieren registrar direcciones, listas de personas, etc. Este tipo de archivo se suele utilizar de dos formas: - Como archivo auxiliar. - Como archivo independiente.	 Este sistema reproduce los documentos y los guarda en rollos de película. Tiene como principal ventaja la reducción de espacio donde está ubicado el archivo y la rapidez para acceder a la información.

TAREA 4

Belinda es comercial de una importante fábrica de calzado; en su cartera de clientes tiene contactos repartidos por toda España, pero no los clasifica de forma adecuada y necesita invertir mucho tiempo para encontrar los números de teléfono, direcciones, etc.

Explica por qué es necesario organizar la información que se genera en la empresa y cuáles son los objetivos que persigue la organización del archivo.

3.2. Elaboración de ficheros

☞ HILO CONDUCTOR

Para la organización del archivo, Francisco organiza la información de cada uno de sus clientes en ficheros independientes, de esta forma pretende facilitar el acceso a la información por parte de los empleados.

¿Conoces los diferentes métodos de ordenación de ficheros que puede utilizar Francisco en su archivo?

El concepto de **fichero** es bastante genérico. Su amplitud y generalidad ha creado confusión en las organizaciones, al poder considerarse como fichero conceptos informáticos tales como: carpeta, base de datos, documento, aplicación, etc.

 **DEFINICIÓN**

Fichero

Es todo conjunto organizado de datos de carácter personal, cualquiera que fuere la forma o modalidad de su creación, almacenamiento, organización y acceso.

La clasificación y ordenación de ficheros constituyen la base del sistema de archivo empresarial.

La clasificación documental es una técnica para la identificación y la reagrupación de sistemas de datos e informaciones similares, según características comunes. Existen distintos **sistemas de clasificación:**

A continuación, se analizan de forma pormenorizada cada uno de estos sistemas de ordenación.

Sistema de ordenación y clasificación alfabético

Consiste en ordenar la documentación de acuerdo con la **secuencia alfabética.** Dada su sencillez, constituye el sistema de clasificación más extendido, ya que los documentos o información de la que se trate se puede encontrar siguiendo el orden de las letras del abecedario.

En cuanto a los nombres, primero se anota el apellido y, si hay primeros apellidos que coincidan, se tendrá en cuenta el segundo. El uso de este sistema de ordenación es válido no solo para nombres de personas, también para ciudades, regiones, empresas, etc.

APLICACIÓN PRÁCTICA

Imagina que trabajas en una biblioteca y tienes que ordenar una serie de libros de autores de la Generación del 27. ¿Cómo lo harías utilizando la clasificación alfabética?

- **Federico García Lorca**
- **Rafael Alberti Merello**
- **Vicente Pío Marcelino Cirilo Aleixandre y Merlo**
- **Luis Cernuda Bidón**
- **Gerardo Diego Cendolla**

Solución

- Alberti Merello, Rafael
- Aleixandre y Merlo, Vicente Pío Marcelino Cirilo
- Cernuda Bidón, Luis
- Diego Cendolla, Gerardo
- García Lorca, Federico

Sistema de ordenación y clasificación numérico

Con el sistema de clasificación numérico se ordenan los documentos siguiendo la secuencia natural de los números. Se trata de asignar a cada individuo, empresa, cliente o asunto de que se trate un número.

Este sistema de clasificación numérica necesita acompañarse de un sistema de tarjetas, de tal manera que cada tarjeta se identificará con cada carpeta. A través de estas tarjetas se podrá averiguar qué información contiene cada número asignado.

Hoy día, gracias a los sistemas informáticos existentes en el mercado, todos los datos relativos a clientes, socios, asegurados, etc., pueden obtenerse de manera rápida y eficaz a través de una **base de datos.** Este tipo de sistema de clasificación se puede utilizar en los casos en los que los elementos a ordenar tengan una denominación numérica, o se le pueda asignar un número.

APLICACIÓN PRÁCTICA

El club de tiro de arco Arco Iris utiliza el sistema numérico de clasificación, de manera que se asigna a cada socio un número. Este número identifica a cada sujeto y sirve, además, para acceder a todos los datos pertenecientes al mismo. Hay dos tipos de socios: individuales y familiares. A este último grupo se le asigna un número que identifica a todos los miembros de la familia.

Con los datos que se ofrecen a continuación, confecciona una lista ordenada por el número de socio que contenga, además, todos los datos pertenecientes a cada uno de ellos.

- Socio individual

    - Nombre: Alicia Gómez Artacho
    - Fecha de alta: 09/03/2010
    - N.º socio: 003

- Socio familiar

    - Nombre: Alberto Moreno Rosa
    - Pedro Moreno García
    - Ana Moreno García
    - Felixa García Montes
    - Fecha de alta: 06/07/2007
    - N.º socio: 001

- Socio familiar

    - Nombre: Clara Martínez Arrabal
    - Teresa Martínez Antúnez
    - Miguel Corbacho Martínez
    - Fecha de alta: 25/04/2008
    - N.º socio: 002

- Socio individual

    - Nombre: Luis Cebrián Linares
    - Fecha de alta: 15/05/2005
    - N.º socio: 004

Continúa en página siguiente >>

<< Viene de página anterior

Solución

N.º SOCIO	SOCIO INDIVIDUAL	SOCIO FAMILIAR	FECHA ALTA
001		Moreno Rosa, Alberto Moreno García, Pedro Moreno García, Ana García Montes, Felixa	06/07/2007
002		Martínez Arrabal, Clara Martínez Antúnez, Teresa Corbacho Martínez, Miguel	25/04/2008
003	Gómez Artacho, Alicia		09/03/2010
004	Cebrián Linares, Luis		15/05/2005

Sistema de ordenación y clasificación alfanumérico

El sistema de archivo alfanumérico clasifica los ficheros utilizando una **combinación de números y letras,** o anteponiendo primero las letras y después los números. Dependiendo de su orden se clasificarán de una forma u otra.

En el caso de la combinación de números seguidos por una o varias letras, el orden lo marcará primero el número y después las letras.

El sistema de ordenación alfanumérico se puede utilizar en elementos en los que su denominación esté compuesta por un número y una letra.

 **EJEMPLO**

Se puede utilizar el sistema para ordenar facturas, matrículas, albaranes, etc.

Sistema de ordenación y clasificación cronológico

Utiliza las **fechas** para ordenar o registrar documentos. Es muy utilizado cuando se trata de confirmar vencimientos de pagos o cobros y de controlar plazos.

Sistema de ordenación y clasificación geográfico

El sistema ordena la información de la empresa atendiendo a la **localización geográfica de su procedencia.** El mismo criterio se puede emplear con los clientes, proveedores, etc.

En general, teniendo en cuenta el territorio geográfico en el que opera la empresa y las necesidades de cada entidad a la hora de ordenar y clasificar sus documentos, se utilizan las siguientes divisiones territoriales:

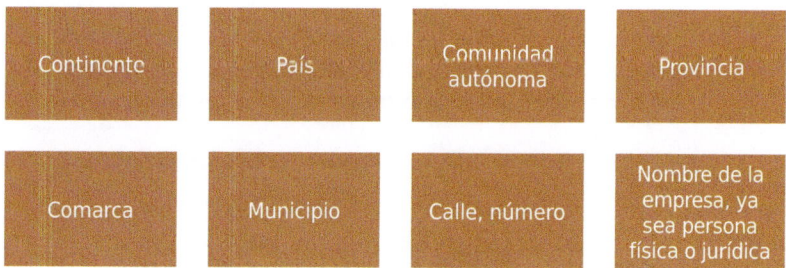

| Continente | País | Comunidad autónoma | Provincia |
| Comarca | Municipio | Calle, número | Nombre de la empresa, ya sea persona física o jurídica |

La clasificación geográfica suele utilizar un orden alfabético, pero respetando una serie de reglas:

- Las palabras calle, plaza, avenida, etc., no son elementos para la ordenación alfabética. Únicamente se toma el nombre de la vía pública. Por ejemplo, en lugar de considerar "calle Pío XII", se considera "Pío XII".
- En el caso de que las calles vengan identificadas por un número además del nombre (5ª avenida), el número se expresa en letra y se ordena alfabéticamente.

NOTA

La clasificación geográfica es utilizada, normalmente, para ordenar la correspondencia con la clientela, o los ficheros de clientes, o también las listas de direcciones.

Sistema de ordenación y clasificación por asuntos o materias

El sistema de clasificación por asuntos o materias ordena los documentos según los **asuntos, ideas o contenidos** que los caracterizan, como pueden ser las devoluciones de ventas, por qué se han producido, etc.

En este sistema, el nombre de las personas, firmas comerciales o fechas no se consideran. Sin embargo, el sistema de clasificación por asuntos puede combinarse con las reglas de orden alfabético, numérico o alfanumérico.

Una vez definidos los temas, se pueden realizar unos criterios:

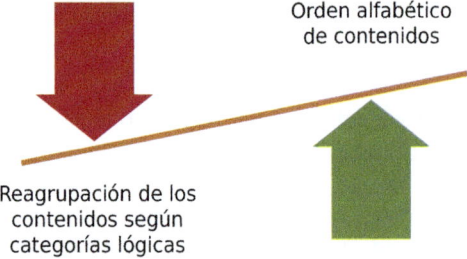

Orden alfabético
de contenidos

Reagrupación de los
contenidos según
categorías lógicas

La clasificación por temas es bastante utilizada en bibliotecas y librerías, en las cuales se ordenan los libros agrupándolos en diferentes departamentos según su temática: novela, volúmenes jurídicos, idiomas, etc.

A continuación, se profundizará en el sistema de ordenación geográfica, mediante un ejemplo y un supuesto.

APLICACIÓN PRÁCTICA

La empresa juguetera Muñecox desea hacer una base de datos en la que se contemplen a todos sus clientes, principalmente jugueterías. Para ello, se basarán en una serie de cartas de pedido. Estas cartas tienen la fecha de entrada en la empresa correspondiente al último año, según consta en el Libro de Registro de Entrada de Correspondencia. El sistema de clasificación que va a utilizar es el geográfico, y ha optado por escoger como primer orden la provincia a la que pertenecen las poblaciones, el segundo la población, seguido de la ubicación exacta de donde proceden los documentos.

La empresa decide comenzar por la comunidad de Extremadura.

Datos que dispone la empresa:

FECHA DE ENTRADA	CALLE	LOCALIDAD	PROVINCIA	ASUNTO
25/05/2024	C/ Rey, 12	Plasencia	Cáceres	Envío
12/06/2023	C/ Pino, 34	Badajoz	Badajoz	Envío
04/04/2024	C/ Ricardo Romero, 3	Almendralejo	Badajoz	Envío
09/10/2024	C/ Doñana, 34	Cáceres	Cáceres	Envío
03/11/2023	Avda. Mérida, 5	Alcántara	Cáceres	Envío
15/09/2024	C/ Santa Julia, s/n	Mérida	Badajoz	Envío
08/09/2023	C/ Cervantes, 109	Zafra	Badajoz	Envío
31/08/2024	C/ Cartas, 105	Plasencia	Cáceres	Envío
12/05/2024	Avda. Portugal, 43	Mérida	Badajoz	Envío
30/01/2023	C/ Antonio Juez, 48	Badajoz	Badajoz	Envío
14/03/2023	C/ José Canalejas, 82	Coria	Badajoz	Envío

Continúa en página siguiente >>

<< Viene de página anterior

Solución

Para realizar una clasificación geográfica utilizando los datos dados, en primer lugar, se han seleccionado las provincias pertenecientes a la comunidad autónoma de Extremadura, siguiendo un orden alfabético, después las poblaciones y las vías públicas pertenecientes a cada una de ellas, teniendo en cuenta también el orden alfabético.

FECHA DE ENTRADA	CALLE	LOCALIDAD	PROVINCIA	ASUNTO
04/04/2024	C/ Ricardo Romero, 3	Almendralejo	Badajoz	Envío
30/01/2023	C/ Antonio Juez, 48	Badajoz	Badajoz	Envío
12/06/2023	C/ Pino, 34	Badajoz	Badajoz	Envío
14/03/2023	C/ José Canalejas, 82	Coria	Badajoz	Envío
12/05/2024	Avda. Portugal, 43	Mérida	Badajoz	Envío
15/09/2024	C/ Santa Julia, s/n	Mérida	Badajoz	Envío
08/09/2023	C/ Cervantes, 109	Zafra	Badajoz	Envío
03/11/2023	Avda. Mérida, 5	Alcántara	Cáceres	Envío
09/10/2024	C/ Doñana, 34	Cáceres	Cáceres	Envío
31/08/2024	C/ Cartas, 105	Plasencia	Cáceres	Envío
25/05/2024	C/ Rey, 12	Plasencia	Cáceres	Envío

 TAREA 5

El gerente de la empresa Cumbres del Norte quiere modificar la forma de clasificar su archivo, ya que en los últimos años se ha reducido considerablemente y siguen utilizando un complejo sistema de clasificación.

Describe cuáles son las diferentes técnicas que puede utilizar la empresa para organizar el archivo.

TAREA 6

La empresa "Construcciones Mariscal" lleva tiempo atrasándose en sus pagos porque su sistema de archivo no está bien diseñado. El gerente te ha contratado para que diseñes un sistema, en el que se pueda almacenar información de forma efectiva sobre los cobros y pagos pendientes.

Elige el sistema de ordenación y clasificación del archivo más oportuno, y ordena la siguiente documentación:

Vencimiento	Concepto	Importe
28/02/2024	Pago factura Ref.: 15/45	141,17 €
17/03/2024	Cobro factura Ref.: 358/15	1.025 €
02/03/2024	Cobro factura Ref.: 158/121	256,18 €
19/01/2024	Pago factura Ref.: 13/17	394,57 €
03/02/2024	Cobro factura Ref.: 12/88	75 €
15/04/2024	Pago factura Ref.: 15/40	125 €

4. Procedimientos de gestión y tratamiento de la información dentro de la empresa

HILO CONDUCTOR

En el proceso de creación del archivo de LIMPISA, los empleados de la organización juegan un papel fundamental, ya que estos, en su relación diaria con el cliente, deberán actualizar el archivo con la información relevante de cada uno de los clientes.

De manera general, se puede afirmar que **información** es todo aquello que se da y recibe sobre un hecho, tema o situación.

El gran volumen de datos generados por las empresas en la "era de la información" hace que sea indispensable contar con métodos de gestión y tratamiento de los datos informativos que los ordenen, organicen y preparen para que estén perfectamente preparados y disponibles para ser consultados cuando la ocasión lo requiera.

4.1. El tratamiento de la información

Para realizar un correcto tratamiento de la información, se deben tener en cuenta las siguientes fases:

A continuación, se analizarán más detalladamente cada una de ellas.

Recogida de información

Hay diversas maneras de suministrar y recoger información. Las más habituales son:

➲ **Información presencial:** nos comunicamos y recibimos informaciones, de forma personal, de nuestros clientes, representantes, supervisores, auditores, inspectores, etc.

- ⊃ **Información escrita:** existe una cantidad enorme de información escrita que se maneja en la oficina. También se recoge información de: periódicos, revistas especializadas, folletos publicitarios, material de promoción, publicaciones oficiales, etc.
- ⊃ **Información telefónica:** es muy frecuente la comunicación telefónica con clientes y otras entidades (bancos, proveedores, etc.). Debemos tener en cuenta sus limitaciones.

NOTA

Hay que asegurarse de que la información que se entrega es veraz, es decir, que se puede confiar en ella y es verificable.

Registro de Información

Para controlar totalmente la información, esta debe ser registrada en el mismo instante en que se recibe. Estos registros pueden realizarse con **medios informáticos o manuales.**

Elaboración de la información

Para que la información pueda ser utilizada, esta debe ser antes elaborada y redactada correctamente. La elaboración requiere el seguimiento de los siguientes pasos:

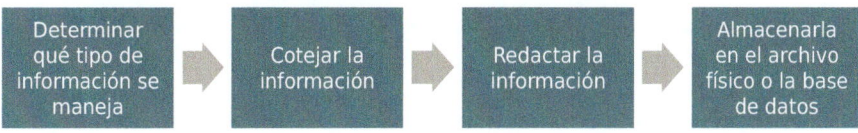

Comunicación de la información

La información puede ser transmitida o entregada a toda persona del entorno empresarial que la necesite. Para ello, se pueden utilizar distintas vías, tanto presenciales como no presenciales:

- Comunicación cara a cara
- Teléfono
- Correo tradicional
- *E-mail*
- Fax
- Folletos, catálogos, revistas, etc.

Almacenamiento de la información

Es imprescindible para las empresas y organizaciones tener control sobre todas sus actividades, ser capaces de examinarlas y estudiarlas en cualquier instante, con objeto de tener totalmente claro qué es lo que tiene y lo que no tiene, y cómo se está llevando a cabo el trabajo.

En este sentido, la importancia del almacenamiento y conservación de la información ha aumentado en los últimos años. Los motivos que han propiciado que las empresas perfeccionen su sistema de archivo son los siguientes:

Necesidad de conseguir información exacta en poco tiempo
- Esto es posible gracias al desarrollo de medios electrónicos para el manejo, conservación y recuperación de la información.

Aumento de documentos en el entorno empresarial
- Este aumento ha hecho difícil su organización y conservación.

Transformación del proceso de comunicación
- El proceso de comunicación ha sufrido una gran transformación respecto al traspaso de información, se produce con el cambio de la "era industrial" a la "era de la información".

Antes de almacenar la información, esta debe haber sido cotejada de una u otra forma, tanto en la era de la industrialización como en la de la información.

4.2. Las fuentes de información

Las fuentes de información son las personas u organizaciones de las que se obtienen los datos que posteriormente serán objeto de análisis en el proceso de la investigación comercial.

Para realizar una correcta interpretación y aplicación de los datos procedentes de una información se debe comprobar:

- **Grado de fiabilidad de la información:** la información obtenida se debe someter a un análisis objetivo, examinando el método que se siguió para obtenerla, así como las personas e instituciones que recogieron los datos y publicaron la información.
- **Periodicidad de renovación de la información:** se trata de asegurar que los datos que se manejan son los más recientes y ajustados a la realidad.
- **Grado de detalle de la información registrada:** distingue los diversos tipos y características del fenómeno estudiado, pero otras veces la información, aun siendo muy fiable, se presenta poco discriminada.

De forma general, la información puede ser clasificada atendiendo a varios **criterios:**

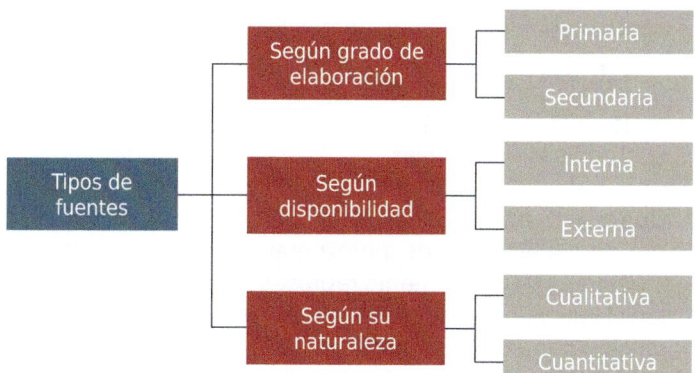

A continuación, se explicarán cada una de estas fuentes de información:

- **Primaria:** son aquellas que se crean en el momento de realizar una investigación, porque no existe información previa que sirva para alcanzar los objetivos que se persiguen.

- **Secundaria:** es aquella que ya existe en algún lugar y se recolectó para otro propósito.
- **Interna:** las fuentes de información interna pueden ser tanto primarias como secundarias:

  - Primaria interna: se obtiene a partir de datos de la propia empresa.
  - Secundaria interna: son datos recopilados que se encuentran en la propia empresa. El uso de estos datos se denomina minería de datos, se ocupa de examinar grandes volúmenes de información para descubrir los patrones de comportamiento de la empresa y sus productos.

- **Externa:** las fuentes de información externa pueden ser tanto primarias como secundarias:

  - Primaria externa: datos que proceden del entorno empresarial, es la información más relevante.
  - Secundaria externa: las fuentes externas de datos secundarios pueden ser, atendiendo a su procedencia, de titularidad pública o privada.

- **Cualitativa:** no suelen ser susceptibles de tratamiento estadístico, ni representativas de la población, aunque describen los hechos con datos más ricos que las técnicas cuantitativas. Se basan en datos de naturaleza explicativa más que numérica. El análisis cualitativo es de gran utilidad como fase previa al análisis cuantitativo para definir las variables más significativas de la investigación. Las principales técnicas cualitativas para obtener información primaria son:

  - Entrevista en profundidad.
  - Reuniones de grupo.
  - Técnicas proyectivas.

- **Cuantitativa:** responden a un enfoque estructurado y aportan unos resultados estadísticos representativos y generalizables. Se apoyan en muestras estadísticamente representativas y, utilizando números, permiten clasificarlos, relacionarlos y compararlos entre sí. No por ello, la información contenida se transforma en objetiva, exacta y fiable como los números que la designan. La dimensión de lo emocional, que sin duda es un condicionante fundamental en la mayoría de decisiones comerciales, suele ser el punto ciego de las investigaciones cuantitativas. Las principales técnicas cuantitativas para obtener información primaria son:

  - Estudio longitudinal o periódico (encuestas *ad hoc,* método Delphi, encuestas Ómnibus, experimentación y observación).
  - Estudio transversal (paneles de consumidores, establecimientos y audiencias).

A continuación, se muestra una clasificación de las **ventajas e inconvenientes** que entraña el uso de fuentes de información primaria y secundaria. El investigador deberá decidir en cada caso los pros y los contras de cada una, para ver cuál de ellas se adapta más al propósito de la investigación:

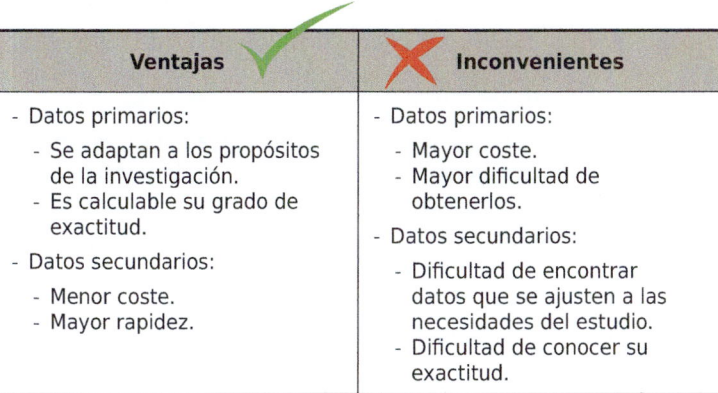

Ventajas ✓	Inconvenientes ✗

- Datos primarios:
  - Se adaptan a los propósitos de la investigación.
  - Es calculable su grado de exactitud.
- Datos secundarios:
  - Menor coste.
  - Mayor rapidez.
	- Datos primarios:
	  - Mayor coste.
	  - Mayor dificultad de obtenerlos.
	- Datos secundarios:
	  - Dificultad de encontrar datos que se ajusten a las necesidades del estudio.
	  - Dificultad de conocer su exactitud.

A continuación, verás cómo ha influido internet en la gestión de la información y la búsqueda de fuentes.

4.3. El impacto de internet en la gestión de la información

Internet es el medio que posibilita integrarnos en la sociedad del conocimiento, de la información y la globalización.

Ofrece multitud de **herramientas para la gestión y tratamiento de la información,** entre ellas se pueden destacar las siguientes:

Lista de interés

Este sistema se encarga de **distribuir mensajes electrónicos** a un conjunto de individuos o entidades que participan de intereses comunes. No es necesario que se conozcan entre sí para comentar, intercambiar y discutir distintas perspectivas sobre algún tema común que a todos interese.

E-mail

Viene a sustituir, en casi todos los aspectos, a la correspondencia tradicional, pues tiene las mismas funciones, pero con la ventaja de que el envío y recepción se efectúa desde un ordenador a otro casi instantáneamente, sin importar la distancia que haya entre ambos.

Word Wide Web (WWW)

Es un sistema de **información en línea,** basado en el "hipertexto" (los documentos o páginas web están entrelazados mediante vínculos, que son palabras o imágenes que permiten acceder a otros documentos), capaz de soportar aplicaciones multimedia. Pueden integrar diversos medios como textos, sonido, imágenes, video, etc. Actualmente, este servicio es el que cuenta con mayor popularidad en internet.

Chat

El chat hace posible la **comunicación en tiempo real,** al igual que el teléfono, pero en este caso, mediante el ordenador usando textos, con una o varias personas, tanto a nivel nacional como internacional.

Intranet

Intranet es una **red de ordenadores privada** basada en los estándares de internet. Las intranets utilizan tecnologías de internet para enlazar los recursos informativos de una organización, desde documentos de texto a documentos multimedia, desde bases de datos legales a sistemas de gestión de documentos. Las intranets pueden incluir sistemas de seguridad para la red, tablones de anuncios y motores de búsqueda. Una intranet puede extenderse a través de internet.

Telnet

Este servicio hace que **un ordenador concreto pueda ser manejado desde otro,** sin importar la distancia a la que se encuentren. Para que este manejo a distancia se produzca resulta imprescindible que se habilite este servicio en el ordenador que recibe a los usuarios, el cual es protegido con claves de acceso y sistemas de seguridad para evitar problemas. Este método se usa principalmente para transferir archivos de un ordenador a otro. Este mecanismo permite, con mayor rapidez que otros, **traspasar información en grandes cantidades.** Además, Telnet hace posible mantener reuniones colectivas entre varias personas que se encuentran en lugares distantes. Dichos encuentros se efectúan en tiempo real, y se transmite tanto la imagen como el sonido, en ambos sentidos. Los interlocutores se ven y se hablan como si estuvieran en la misma sala de reuniones, y además pueden intercambiar datos, fax, información gráfica y documental, video, diapositivas, etc.

 ACTIVIDAD COMPLEMENTARIA

1. ¿Crees que internet es una fuente de información fiable para la empresa?

5. Bases de datos para el tratamiento de la información en el departamento de atención al cliente/consumidor/usuario

👉 **HILO CONDUCTOR**

Dado que las sedes del grupo LIMPISA se encuentran dispersas geográficamente a lo largo de Castilla y León, Francisco ha descartado desde un primer momento la elaboración de un archivo físico.

Con un archivo informático, todos los comercios tendrán acceso y podrán actualizar la información de los clientes del grupo empresarial.

En las organizaciones modernas se manejan infinidad de datos que deben ser almacenados y clasificados. Para ello, se crean las bases de datos.

Entre sus objetivos fundamentales no solo se encuentra **almacenar información,** sino también contar con mecanismos para su **clasificación** que permitan recuperarla en el momento requerido.

De esta manera, las bases de datos se han convertido en un elemento fundamental para el sistema de información, no solo de las grandes empresas, sino de cualquier organización o pequeño negocio.

 **EJEMPLO**

Una pequeña tienda independiente de ropa necesita tener en la base de datos los distintos precios, pedidos, existencias y, si es posible, fichas de los clientes.

A continuación, se profundizará en la estructura y funciones principales de una base de datos.

5.1. Estructura y funciones de una base de datos

Existe la falsa creencia de que un archivo que contenga datos puede formar por sí solo una base de datos. Al contrario, para conformar una base de datos se necesita mucha más información, varios archivos.

Todos los datos que componen la información de las bases de datos informáticas se encuentran organizados y clasificados en diversos archivos, permitiendo almacenar grandes volúmenes de información que puede ser recuperada de manera fácil y rápida. Los archivos se almacenan en distintas carpetas ubicadas en el disco duro del ordenador o de la red.

Las principales **funciones** de una base de datos son las siguientes:

- ⮞ Concretar los tipos de datos, saber cómo organizarlos y ejecutar las restricciones que se quieren imponer.
- ⮞ Consultar y actualizar los tipos de datos que se almacenan.

- Proporcionar el acceso simultáneo a la base de datos por parte de varios usuarios.
- Restringir el acceso no autorizado.
- Realizar copias de seguridad de la información.
- Cumplir las normas de seguridad y protección.

Una vez que sabes para qué sirven las bases de datos y cuáles son sus principales funciones, es importante que conozcas cuál es su estructura.

ACTIVIDAD 1

Jesús es empresario y su asesor le ha comunicado que necesita trabajar con una base de datos que le permita gestionar de forma adecuada su negocio. Este empresario no ha trabajado nunca con una base de datos y no conoce cuál es su función. Determina cuál es la función principal de una base de datos:

a. Además de almacenar información, deben contar con mecanismos para su clasificación que permitan recuperarla en el momento requerido.
b. Su única función es almacenar fichas de clientes.
c. Digitalizar toda la información relativa a la empresa.
d. Facilitar todas las operaciones que se realizan en la empresa y en el entorno empresarial.

Estructura de las bases de datos

La **estructura básica** de una base de datos es la siguiente:

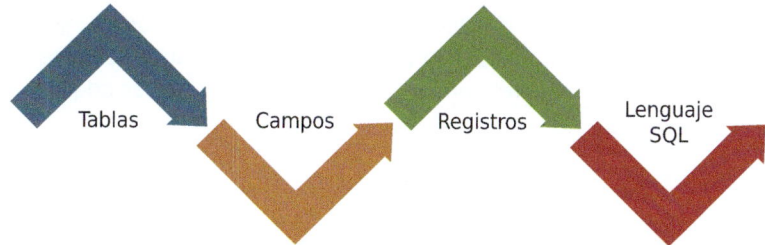

Tablas — Campos — Registros — Lenguaje SQL

Tablas

Conjunto de datos interrelacionados entre sí. Los datos de la tabla se subdividen en columnas y filas.

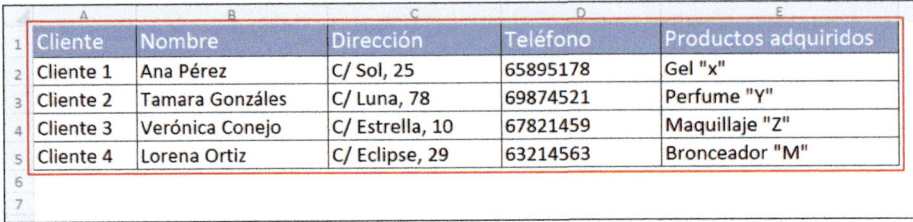

Campos

Corresponden a las columnas. Cada columna contiene una parte de la información sobre cada elemento que queremos guardar en la tabla.

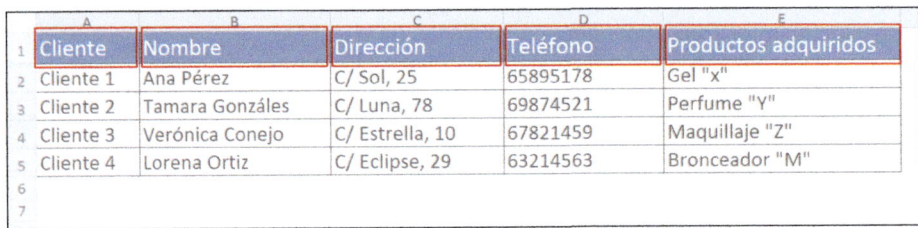

👁 EJEMPLO

En una base de datos de clientes de una perfumería, por ejemplo, la primera columna podría contener el nombre del cliente, la segunda columna la dirección, la tercera columna el teléfono y en la cuarta los productos adquiridos.

- -

Registros

Los registros se corresponden con las filas. Cada fila contiene la totalidad de los datos que se piden en cada una de las columnas.

	A	B	C	D	E
1	Cliente	Nombre	Dirección	Teléfono	Productos adquiridos
2	Cliente 1	Ana Pérez	C/ Sol, 25	65895178	Gel "x"
3	Cliente 2	Tamara Gonzáles	C/ Luna, 78	69874521	Perfume "Y"
4	Cliente 3	Verónica Conejo	C/ Estrella, 10	67821459	Maquillaje "Z"
5	Cliente 4	Lorena Ortiz	C/ Eclipse, 29	63214563	Bronceador "M"
6					
7					

 **EJEMPLO**

Continuando con el ejemplo anterior, la primera fila contendría el nombre, dirección, teléfono y productos adquiridos por el primer cliente, la segunda fila los datos del cliente siguiente y así sucesivamente.

Lenguaje SQL

El lenguaje de consulta estructurado es un lenguaje de acceso a bases de datos que permite especificar diversos tipos de operaciones y también permite hacer cambios y efectuar consultas con el fin de recuperar información.

```
select producto from Cliente where nombre = 'Ana Peréz';
```

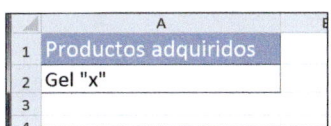

	A	B
1	Productos adquiridos	
2	Gel "x"	
3		

 **RECUERDA**

Las bases de datos nos permiten almacenar gran volumen de información, gestionarla, consultarla, etc.

El diseño de las bases de datos permite al usuario que se puedan utilizar para trabajar con cualquier tipo de documentos, datos numéricos, texto, imágenes, etc.

 **TAREA 7**

La empresa Arco Iris quiere hacer una base de datos para digitalizar sus fichas de clientes. ¿Qué funciones debe cumplir dicha base de datos?

Observa los datos de los que dispone la empresa:

Socio n.º 001

- Nombre: Francisco Ruiz
- Fecha de alta: 09/11/2023
- Compra media anual: 2.500 €
- Dirección: C/ Matadero n.º 35, Jaén

Socio n.º 008

- Nombre: Elena Pérez
- Fecha de alta: 10/08/2023
- Compra media anual: 11.000 €
- Dirección: C/ Bodegas n.º 15, Sevilla

Según estas fichas, ¿cuáles son los campos que la empresa Arco Iris debe incluir en la base de datos?

5.2. Tipos de bases de datos

Existen distintos **tipos de bases de datos** que se utilizarán según el servidor y la capacidad que posea el equipo informático que se emplee, los datos que se traten, las necesidades de los usuarios, etc.

A continuación, se presentan las más relevantes y una breve descripción de las mismas:

MySql
- Se trata de una base de datos, con licencia GPL, basada en un servidor. Su mayor ventaja es la rapidez en la realización de las operaciones. Sin embargo, no resulta recomendable usarla cuando se debe manejar una gran cantidad de datos.

PostgreSql y Oracle
- Este tipo resulta muy apropiado para administrar grandes cantidades de información. Habitualmente se utilizan para intranets y sistemas de gran envergadura.

Access
- Esta base de datos ha sido creada por *Microsoft*, resulta bastante útil a nivel usuario y se encuentra muy extendida.

Microsoft SQL Server
- También ha sido creada por *Microsoft*, pero está destinada al tratamiento de informaciones mayores.

Otras
- En muchas ocasiones, las empresas y corporaciones diseñan bases de datos que cubren sus necesidades específicas. Se trata de programas particulares.

5.3. Bases de datos documentales

Las bases de datos documentales son aquellas en las que cada registro se corresponde con un documento. Este tipo de bases de datos no están limitadas por el tipo de archivos que pueden almacenar.

¿Cómo se incluyen los datos en las bases de datos documentales?

Los registros que componen las bases de datos documentales pueden incluir o no el contenido completo de los documentos a los que se refieren.

Según este criterio se pueden distinguir tres tipos de datos, entre los que se destacan los siguientes:

Bases de datos de documentos íntegros	Archivos electrónicos de imágenes	Bases de datos referenciales
- En ellas se incluyen los propios documentos a los que se hace referencia en formato electrónico. - Suelen incluir campos con datos informativos clave de dicho documento completo que permite identificarlos y recuperarlos fácilmente.	- Están formados por referencias que hacen posible un enlace con la imagen del documento original.	- En estas bases de datos no se encuentra el documento original, sino referencias en sus distintos campos que lo describen permitiendo localizarlo, pero fuera de la propia base de datos.

Una vez que conoces los principales tipos de bases de datos, se trabajará en el uso y diseño de las mismas.

5.4. Utilización de bases de datos

👉 **HILO CONDUCTOR**

Siguiendo con la creación de la base de datos para el grupo LIMPISA, tanto Francisco como los empleados que tengan acceso a la misma necesitarán determinar en primer lugar sus necesidades de información.

De esta forma se evitará el exceso de información y se minimizará el tiempo de dedicación de los trabajadores a la actualización de los ficheros.

Para diseñar y utilizar una base de datos de forma correcta, se deben considerar los siguientes **pasos:**

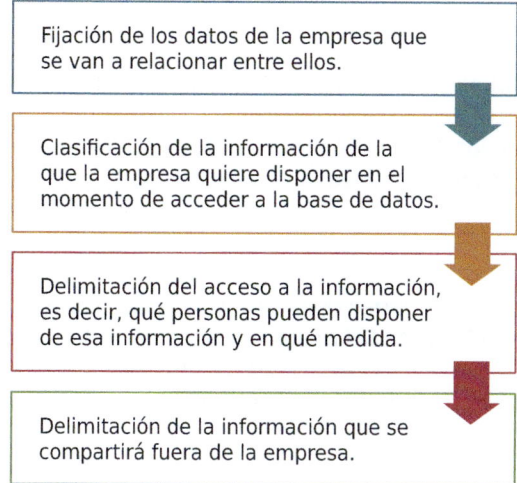

A partir de estos, y con el fin de ordenarlos de manera lógica, es cuando comienza la fase de diseño de base de datos.

La forma de realizar las operaciones con las bases de datos es muy variada, según el tipo de base de datos que se utilice.

A continuación, se profundizará en los procedimientos de búsqueda y recuperación de archivos y registros de una base de datos.

5.5. Procedimientos de búsqueda y recuperación de archivos y registros

 **HILO CONDUCTOR**

La base de datos de clientes creada por Francisco ya se ha puesto en funcionamiento en el grupo LIMPISA. Sandra trabaja en el departamento de *telemarketing* de la empresa, y necesita buscar información sobre un cliente del que solo conoce el apellido.

Continúa en página siguiente >>

<< Viene de página anterior

Dada su falta de experiencia con el uso de esta herramienta ha invertido mucho tiempo en recuperar la información de este cliente, por tanto, es necesario que los empleados de LIMPISA conozcan cuáles son los procedimientos de búsqueda y recuperación de archivos y registros.

Dadas las necesidades de información que se presentan diariamente en las empresas, el uso de las bases de datos se encuentra cada vez más extendido. Para recuperar y buscar estos datos de forma eficaz, es necesario que los empleados conozcan los procedimientos de búsqueda y recuperación de ficheros en las bases de datos.

En una base de datos se pueden buscar dos tipos de datos, **numéricos y textuales.**

En el caso de una **búsqueda alfanumérica,** cuando falte algún carácter se podrá hacer uso del "*", también se podrá acotar la búsqueda mediante los signos "<" y ">" en **búsquedas numéricas.**

 **EJEMPLO**

Si se desean buscar todas las cifras mayores al 26, por ejemplo, introduciremos en el campo de búsqueda <26.

Por otro lado está la **búsqueda de datos textuales.** Si se quiere encontrar un registro y sabemos alguno de sus datos completos, se podrá introducir completo.

Sin embargo, si no se conoce el dato entero que se quiere consultar, existen otras posibilidades.

A la hora de realizar búsquedas en las bases de datos, se pueden utilizar una serie de comandos que las agilizan:

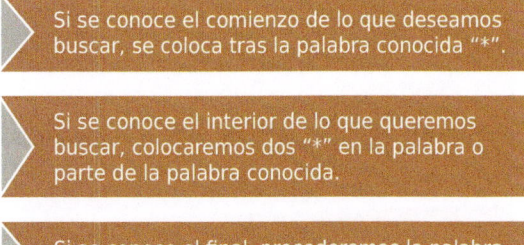

Si se conoce el comienzo de lo que deseamos buscar, se coloca tras la palabra conocida "*".

Si se conoce el interior de lo que queremos buscar, colocaremos dos "*" en la palabra o parte de la palabra conocida.

Si se conoce el final, precederemos la palabra o parte de ella de "*".

◎ EJEMPLO

Imagina que debes hacer una búsqueda en una base de datos de un cliente cuyo nombre no recuerdas entero. Tan solo sabes que su primer apellido es Ginés.

¿Cómo lo buscarías en la base de datos *Access?*

En el campo de apellido habría que poner: GINÉS *.

A continuación, se mostrarán las principales operaciones que se realizan con *Access,* por ser muy utilizado a nivel usuario.

5.6. Grabación, modificación y borrado de información

Para comenzar a añadir los datos en una tabla, es necesario abrir esta en la **Vista Hoja de datos.**

Para abrir una tabla en la vista hoja de datos se debe seleccionar en la ventana de la base de datos y después pulsar sobre el botón **Abrir** de esta, o bien hacer doble clic sobre la tabla en la ventana de la base de datos.

 **VÍDEO**

Escanea el siguiente código para observar un video en el que podrás ver cómo se abre una tabla.

https://redirectoronline.com/uf00370104

En la siguiente imagen se puede ver un ejemplo de los registros de una tabla:

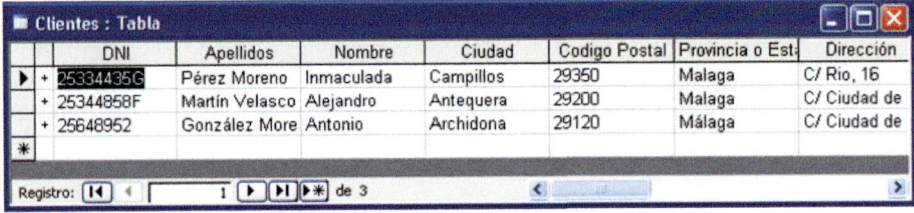

Ejemplo de registros de una tabla

La manera que existe para añadir y eliminar los datos de esta ventana es idéntica a las utilizadas por las aplicaciones del entorno *Windows.*

 **VÍDEO**

Escanea el siguiente código para ver cómo se añaden y eliminan los datos de una tabla.

Continúa en página siguiente >>

<< Viene de página anterior

https://redirectoronline.com/uf00370105

Un caso especial en cuanto a la introducción de datos son los campos de tipo objeto **OLE,** que pueden contener imágenes, sonidos, documentos de *Word*, etc. Para introducir un objeto en un campo de este tipo se necesita seleccionar la opción **Objeto** del menú **Insertar,** o bien hacer clic con el botón derecho del ratón sobre el campo y seleccionar la opción **Insertar Objeto** en el menú contextual que aparece.

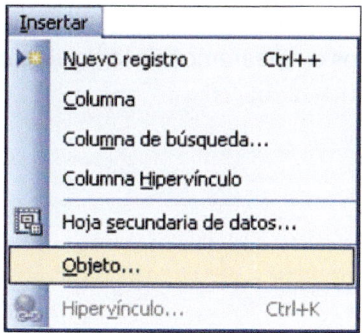
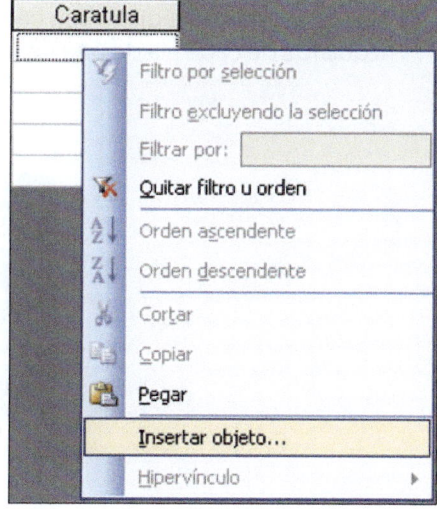

Cómo insertar un objeto OLE (imagen, sonido, archivo, etc.)

Al insertar un objeto OLE nos aparecerá un cuadro de diálogo donde se permite crear el objeto en la aplicación que se desee, o bien insertarlo desde un archivo de nuestro disco.

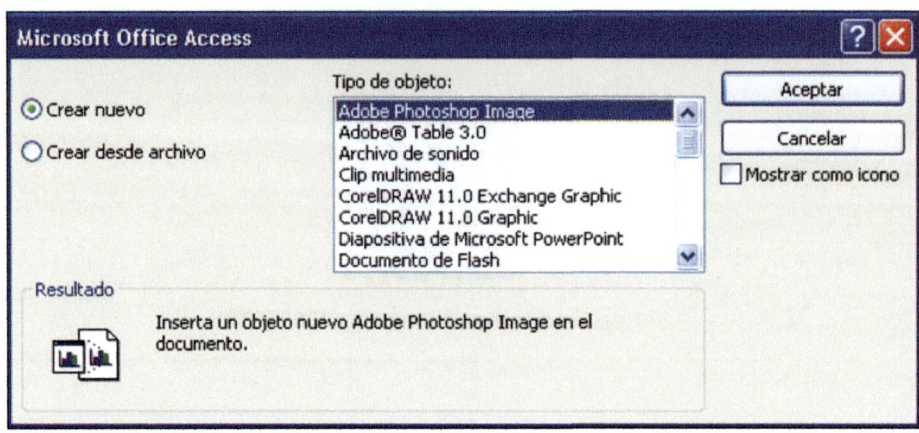

Se puede seleccionar el objeto desde una carpeta del ordenador o bien crearlo con las aplicaciones instaladas.

De la misma manera que se puede eliminar un solo registro, pulsando el botón **Supr,** se pueden eliminar varios al mismo tiempo. Para ello, en lugar de seleccionar uno solo, se deberán seleccionar varios, usando los **selectores de registro.**

Los selectores de registro son cada uno de los recuadros que aparecen a la izquierda de cada fila de una tabla y los emplearemos de la siguiente forma:

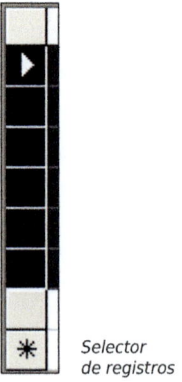

Selector
de registros

Para seleccionar dos o más registros consecutivos, se debe pulsar sobre el primero de ellos y arrastrar hasta el último que se quiera marcar.

Asimismo, en la esquina superior izquierda de la tabla aparece un recuadro llamado **Selector;** se deberá hacer clic sobre él si se quieren seleccionar todos los registros que componen la tabla.

Una vez realizada la selección de registros, se podrán eliminar los mismos de la misma forma que con los registros unitarios.

Modificar los registros de una tabla

Para modificar un registro de una base de datos existente el primer paso a seguir es abrir dicha base de datos, posteriormente se accede a la tabla que se quiere modificar.

 VÍDEO

En el siguiente vídeo se muestra cómo se modifican los datos en una tabla; recuerda en todo momento que siempre que se modifiquen los datos de una tabla, *Access* los guardará automáticamente.

https://redirectoronline.com/uf00370106

 PRACTICA

Ahora que sabes manejarte con la aplicación, practica escaneando el siguiente código:

https://redirectoronline.com/uf00370107

Una vez que te manejas con la aplicación *Access* y sus principales operaciones, es importante que conozcas cómo proceder ante el guardado y creación de copias de seguridad de los datos, consultar información y crear formularios.

 TAREA 8

Trabajas en el departamento de atención al cliente en una empresa de transporte de productos lácteos. A lo largo de la mañana se han producido una serie de sucesos que se deben registrar en la base de datos de la empresa, para dejar constancia de los acontecimientos:

- El camión de reparto matrícula 7798 DLX se ha estropeado y está inmovilizado en el arcén a la espera de la llegada de la grúa, intentamos ponernos en contacto con el servicio de grúas pero no responde.
- El conductor del camión nos llama para confirmar que nos transmitió la información de la matrícula de forma incorrecta, debemos subsanar el error en la base de datos. La matrícula correcta es 7798DMX.
- El servicio de grúas se pone en contacto con nosotros; tras exponer los acontecimientos, envían una grúa para recoger nuestro camión.
- Uno de nuestros clientes ha recibido una expedición de leche en mal estado, hemos retrasado su producción de quesos una semana y han decidido poner una reclamación.
- El cliente anterior, vuelve a llamar para comunicar que tras realizar una serie de comprobaciones, la leche en mal estado no provenía de nuestro almacén. Accede a la información que almacenaste anteriormente de forma que ejecutes el menor número de comandos posibles y modifica el registro de la base de datos.

5.7. Copias de seguridad

☞ **HILO CONDUCTOR**

La implantación de la base de datos en LIMPISA ha sido un éxito, ha optimizado la eficiencia de las llamadas de los teleoperadores y se ha conseguido fidelizar a un gran número de clientes.

Para asegurar que la información que contiene la base de datos no se borre por algún incidente fortuito, Francisco ha decidido realizar periódicamente copias de seguridad.

Las **copias de seguridad** se usan para **salvaguardar la información** o parte de la información que contienen los ordenadores. Para conservar las copias de seguridad se utilizan dispositivos de almacenamiento de datos.

La realización de copias de seguridad es importante porque permite restaurar la información contenida en un ordenador al momento en el que se realizó la copia. Son utilizadas como línea de defensa ante la pérdida de datos.

Para realizar copias de seguridad en *Access* se debe tener en cuenta el siguiente procedimiento:

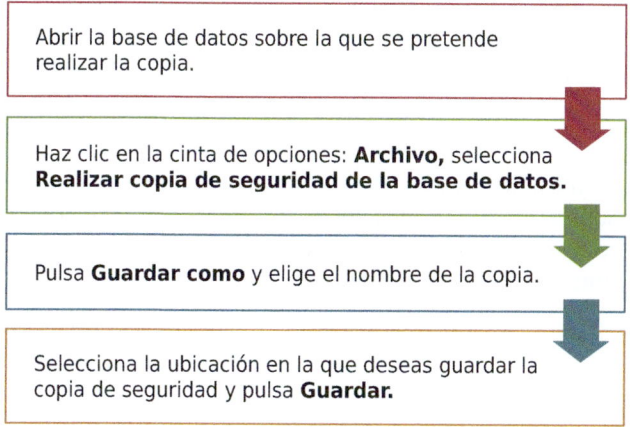

Abrir la base de datos sobre la que se pretende realizar la copia.

Haz clic en la cinta de opciones: **Archivo,** selecciona **Realizar copia de seguridad de la base de datos.**

Pulsa **Guardar como** y elige el nombre de la copia.

Selecciona la ubicación en la que deseas guardar la copia de seguridad y pulsa **Guardar.**

TAREA 9

Continuando con el caso de la tarea anterior, el cliente te ha enviado un correo electrónico en el que te comunica que va a cerrar su empresa y desea que sus datos sean borrados de la base de datos.

Elimina de la base de datos toda la información del cliente.

5.8. Consulta de información

Una base de datos permite acceder a la información de una manera **rápida, independiente, fácil y segura,** ya que en el momento de realizar la consulta de información solo se ha de acceder a la base de datos que se haya establecido previamente.

La consulta de información es distinta según quien la haga, no se permite un mismo acceso a unos usuarios que a otros.

Habitualmente, para consultar información en una base de datos se necesitan las claves para acceder a ella.

 IMPORTANTE

Para optimizar los tiempos de búsqueda de información y la eficacia del trabajo realizado, es necesario que todos los empleados que trabajen con bases de datos conozcan a la perfección cómo realizar los procedimientos de consulta de información.

5.9. Formularios

Un formulario es una **plantilla para el modelado de la base de datos.** Es la forma más cómoda de introducir, modificar y ver registros en una tabla.

La finalidad que tiene un formulario es puramente estética, ya que sirve para un manejo más cómodo de los datos. *Access* contiene un asistente para la creación de formularios, así como la posibilidad de crear los denominados **autoformularios.**

Creación de formularios

Un formulario se puede crear con el asistente y sin él.

 VÍDEO

Observa en el siguiente vídeo las diferentes formas de realizar el proceso:

https://redirectoronline.com/uf00370108

 PRACTICA

Ahora que ya sabes crear un formulario utilizando el asistente, practica escaneando el siguiente código.

Continúa en página siguiente >>

<< Viene de página anterior

https://redirectoronline.com/uf00370109

Introducir datos mediante un formulario

Para añadir nuevos datos en la base utilizando formularios, se abrirá el formulario adecuado y se procederá de la misma forma que en la **Vista Hoja de datos** de la tabla.

 VÍDEO

Observa en el siguiente video cómo se realiza el proceso:

https://redirectoronline.com/uf00370110

PRACTICA

Ahora que sabes introducir datos en un formulario, practica escaneando el siguiente código:

https://redirectoronline.com/uf00370111

- -

Al abrir un formulario en la **Vista formulario,** se pueden realizar modificaciones sobre sus datos o añadir datos nuevos y cuando se cierre, estos datos se guardarán de forma automática.

Con la creación de formularios se agiliza la forma de introducir, modificar y acceder a los registros de una tabla.

 ## TAREA 10

El gerente de Manufacturas Cumbre ha instalado una base de datos en los ordenadores de la empresa; el objetivo principal de esta base de datos será recopilar información sobre los clientes de la organización.

Diseña y rellena un formulario que contenga la siguiente información:

Socio n.º 001

- Nombre: Francisco Ruiz Martínez
- Fecha de alta: 09/03/2022
- Dirección: C/ Matadero n.º 35, Jaén
- Teléfono: 668222333

Continúa en página siguiente >>

<< Viene de página anterior

Socio n.º 008

- Nombre: Elena Pérez Romero
- Fecha de alta: 10/09/2022
- Dirección: C/ Bodegas n.º 15, Sevilla
- Teléfono: 751000111

Socio n.º 016

- Nombre: Ismael Bermúdez Herrera
- Fecha de alta: 23/12/2021
- Dirección: Plaza de la Asunción n.º 57
- Teléfono: 692000575

Realiza una copia de seguridad del formulario y redacta un documento de texto en el que expliques por qué es importante realizar copias de seguridad de este tipo de datos.

- -

6. Normativa de protección de datos de bases de datos de clientes

☞ **HILO CONDUCTOR**

Algunos empleados del grupo LIMPISA están utilizando los datos de los clientes con fines indebidos. Ante esta situación, Francisco ha decidido reunirse con ellos para comunicarles la finalidad de los datos almacenados, y las restricciones legales existentes respecto a su utilización.

Además, estos datos se encuentran codificados y protegidos en la base de datos, para evitar que agentes externos a la empresa puedan acceder a ellos.

- -

Cualquier empresa, organismo o particular que desempeñe una actividad mercantil en España y maneje datos de carácter personal, está sujeto a una normativa sobre la protección de datos.

La protección de datos tiene por objeto **garantizar y proteger,** en lo que concierne al tratamiento de los datos personales, la libre circulación de los mismos y los derechos fundamentales de las personas físicas, y especialmente de su honor e intimidad personal, de posibles malos usos.

Además, reconoce al ciudadano la facultad de controlar sus datos personales y la capacidad para disponer y decidir sobre los mismos.

De este modo, la Ley Orgánica 3/2018, de 5 de diciembre, de Protección de Datos Personales y garantía de los derechos digitales (LOPDGDD) y las demás normas aplicables, imponen una serie de medidas de carácter técnico, organizativo y jurídico a aquellos que posean datos de carácter personal.

La LOPDGDD reconoce al ciudadano la facultad de controlar sus datos personales y la capacidad para disponer y decidir sobre los mismos.

 **IMPORTANTE**

El Reglamento Europeo de Protección de Datos es de obligado cumplimiento desde el 25 de mayo de 2018, por lo que se deberá tener en cuenta junto con la Ley Orgánica 3/2018.

El derecho a la protección de datos puede considerarse una condición preventiva para la garantía de otras libertades y derechos fundamentales.

La Constitución atribuye a los ciudadanos el poder de disposición de sus datos personales, las empresas podrán disponer de ellos solo con su consentimiento, la Agencia Española de Protección de Datos es la encargada de garantizar y tutelar ese derecho.

Todos los países de la Unión Europea deben contar con una autoridad que garantice el derecho a la protección de datos, así se certifica que todos los ciudadanos de la Unión Europea tienen garantizado y tutelado este derecho.

Se consideran datos personales los que permiten identificar a una persona tanto directa como indirectamente.

Son múltiples los rastros de datos que a menudo se dejan en las gestiones que se realizan de forma cotidiana.

 **EJEMPLO**

Una persona facilita sus datos personales cuando:

- Abre una cuenta en el banco.
- Se matricula en un curso de idiomas.
- Se apunta al gimnasio.
- Reserva un vuelo o un hotel.

Otra de las normas importantes en la que se recogen aspectos fundamentales relativos a la protección de datos es la **Ley de Servicios de la Sociedad de la Información** (LSSI). Esta ley es aplicable a las personas físicas o jurídicas que realizan actividades económicas por internet u otros medios telemáticos, siempre que la dirección y gestión de sus negocios esté centralizada en España.

En su artículo 12 bis se recoge que las empresas que se encuentran en el ámbito de aplicación de esta ley, estarán obligadas a informar a sus clientes sobre: los medios técnicos que aumenten la seguridad de la información, las medidas de seguridad que pueden aplicar y las herramientas para el filtrado y restricción de acceso a determinados contenidos y servicios en Internet. Además, facilitarán información sobre las responsabilidades por el uso de Internet con fines ilícitos.

 **PARA SABER MÁS**

Escanea el siguiente código para consultar el texto consolidado de la Ley de Servicios de la Sociedad de la Información y el Comercio Electrónico.

https://redirectoronline.com/uf00370112

 ACTIVIDAD COMPLEMENTARIA

2. Para la realización de la siguiente actividad deberás ver un video publicado por la Agencia Española de Protección de Datos sobre las novedades, para los ciudadanos, de la Ley Orgánica de Protección de Datos Personales y Garantía de los Derechos Digitales

https://redirectoronline.com/uf00370113

Pon un ejemplo en el que se ponga de manifiesto alguna novedad para los ciudadanos, introducida por la nueva Ley.

6.1. Procedimientos de protección de datos

La LOPDGDD regula, al igual que el Reglamento (UE) 2016/679, una serie de categorías en las que se incluyen los datos susceptibles de ser objeto de tratamiento por parte de las empresas. La información que estas recogen de sus clientes puede ser de muy diversa índole, lo que implica que las medidas de seguridad sean distintas dependiendo de la categoría de los datos que se traten.

Categoría de datos básicos

Se consideran como datos básicos todos **aquellos que puedan identificar a una persona física,** que no estén incluidos dentro de una categoría especial y que no tengan naturaleza penal. Entre ellos están:

- ⮑ Nombre y apellidos
- ⮑ NIF
- ⮑ Estado civil
- ⮑ Aficiones
- ⮑ Puesto de trabajo
- ⮑ Cuenta corriente
- ⮑ Etc.

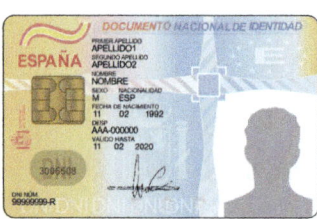  

Cuando el cliente facilita estos datos, su tratamiento se deberá realizar conforme a los preceptos establecidos en la LOPDGDD para la categoría de datos básicos.

El tratamiento de esta categoría de datos se basa en lo que se entiende por datos de carácter personal, que es toda información relativa a una persona física identificada o identificable (datos concernientes al cliente).

 **DEFINICIÓN**

Persona física identificable

Se considerará persona física identificable toda persona cuya identidad pueda determinarse, directa o indirectamente, en particular mediante un identificador, como por ejemplo un nombre, un número de identificación, datos de localización, un identificador en línea o uno o varios elementos propios de la identidad física, fisiológica, genética, psíquica, económica, cultural o social de dicha persona.

- -

A pesar de lo anterior, las medidas a aplicar para garantizar la seguridad de la información tratada van a depender de cada empresa y del nivel de riesgo que esta tenga.

Categoría especial de datos personales

La Ley Orgánica determina que se incluyen en esta categoría los siguientes tipos de datos:

- ➲ Origen étnico o racial
- ➲ Ideología y religión
- ➲ Afiliación sindical
- ➲ Relativos a la salud
- ➲ Relacionados con la orientación sexual de la persona

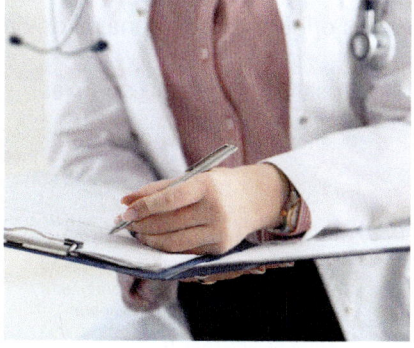 

Con carácter general el tratamiento de los datos de salud y los relacionados con la religión está prohibido.

Con carácter general, **el tratamiento de esta categoría está prohibido,** incluso cuando exista el consentimiento expreso del interesado.

Sin embargo, esta **prohibición no se aplicará si se cumple alguna de las circunstancias establecidas en el Reglamento (UE) 2016/679** (art. 9.2). Es decir, se podrá realizar el tratamiento de los datos de esta categoría, cuando:

- Exista un consentimiento explícito para fines específicos.
- Sea necesario para cumplir obligaciones y ejercer derechos, del responsable y del interesado.
- Lo realice una fundación, asociación u organismo sin ánimo de lucro, a sus miembros y con un fin preciso.
- Sean manifiestamente públicos.
- Se deban proteger los intereses del afectado si no está capacitado para prestar consentimiento.
- Sea necesario para la tramitación de reclamaciones; para fines de archivo, de investigación científica, histórica o estadística.
- El tratamiento de datos relacionados con la salud se realice por causas médicas, de salud pública o de investigación científica o estadística; o porque lo establezcan los sistemas o servicios de asistencia sanitaria o social (pública o privada); o por la ejecución de un contrato de seguro del interesado.

Categoría de datos de naturaleza penal

Como su propio nombre indica, en esta categoría se incluye un tipo de dato muy específico. Comprende:

- Los Datos relacionados con condenas e infracciones penales del interesado.
- Los Procedimientos y medidas cautelares y de seguridad conexas.

Aunque el tratamiento de los datos sobre condenas e infracciones penales no está prohibido con carácter general, únicamente se podrá realizar por determinados organismos, profesionales o mandato normativo.

El tratamiento de esta categoría de datos únicamente puede realizarse en los siguientes casos:

- ➲ Cuando así lo regule una norma europea, la LOPDGDD u otra norma con rango de ley.
- ➲ Solo podrá llevarse un registro completo de condenas penales cuando se realice bajo el control de las Autoridades públicas.
- ➲ Cuando lo realicen abogados o procuradores en el ejercicio de sus funciones.

 ACTIVIDAD COMPLEMENTARIA

3. Identifica en qué categoría de datos se encuadraría la información facilitada por Marcelino a la clínica oftalmológica DOGO en sus revisiones anuales y las características del tratamiento que llevará a cabo el responsable de la clínica respecto de los datos suministrados.

6.2. Consecuencias del incumplimiento de la LOPDGDD

El responsable del tratamiento o el delegado de protección de datos, tienen entre sus funciones la **concienciación y formación del personal que interviene en el tratamiento de los datos;** y el suministro de información sobre las obligaciones que se han de atender para el cumplimiento de la normativa de protección de datos.

 IMPORTANTE

El responsable del tratamiento tiene la obligación de garantizar la seguridad de los datos que se tratan en la entidad, aplicando para ello medidas técnicas y organizativas adecuadas.

El incumplimiento de las obligaciones en materia de protección de datos derivará en la comisión de **infracciones** que, según la LOPDGDD, pueden ser leves, graves o muy graves. Las **sanciones pueden ir desde 10 hasta 20 millones de euros o del 2 % del volumen de negocio al 4 %,** como máximo.

 PARA SABER MÁS

El incumplimiento de la LOPDGDD y del RGPD llevará aparejadas una serie de sanciones; escanea el siguiente código y visualiza la noticia facilitada por la empresa Setemcat:

https://redirectoronline.com/uf00370114

6.3. Implicaciones en las relaciones con los clientes

La protección de datos no solamente involucra a las empresas que los manejan. Obviamente las personas a quienes hacen referencia juegan también un papel destacado en este ámbito, ya que son sus datos los que se manejan y tienen que estar informados sobre la gestión que se va a hacer de ellos.

Resulta necesario que se informe al interesado, como titular de los datos, de una serie de aspectos. El responsable del tratamiento está obligado a cumplir el **deber de información** recogido en el Reglamento (UE) 2016/679 y en la Ley Orgánica 3/2018, a través del cual los interesados tienen derecho a ser informados de una forma clara, sencilla y accesible sobre:

El **tratamiento de sus datos** personales, en aspectos tales como, quién trata sus datos, la finalidad y su base jurídica.

Los **medios** a través de los cuales pueden **ejercer los derechos** que le corresponden en materia de protección de datos.

Para cumplir con la **condición de transparencia en la información** que se suministra al interesado, el responsable del tratamiento cuenta con el **sistema de información por capas o niveles**.

 **RECUERDA**

Los mecanismos de recogida y tratamiento de los datos personales se encuentran en constante evolución.

En virtud de la LOPDGDD, los **derechos de los que disponen los interesados en relación a la protección de sus datos personales** son los siguientes:

De acceso
- Permite a los interesados controlar el uso, conocer y obtener información sobre el tratamiento de sus datos.

De rectificación
- El interesado puede obtener del responsable del tratamiento, la rectificación de sus datos personales cuando sean inexactos e incompletos.

De supresión o derecho al olvido
- Impide la difusión de información personal a través de internet cuando esté obsoleta o incompleta, sea falsa o irrelevante y no sea de interés público.

Continúa en página siguiente >>

<< Viene de página anterior

A la limitación del tratamiento
- El interesado puede solicitar del responsable la limitación en el tratamiento de sus datos cumpliendo algunas de las condiciones establecidas por la norma.

A la portabilidad de los datos
- Este derecho posibilita al interesado la transmisión de datos personales de un responsable a otro.

De oposición y a decisiones individuales automatizadas
- El interesado puede oponerse al tratamiento de sus datos personales, por causas particulares y cuando se encuentre en situaciones concretas. Además, a no ser objeto de decisiones individuales automatizadas que tenga efectos jurídicos en él.

NOTA

Los propios clientes pueden ayudarnos a corregir ciertos datos, lo cual es muy beneficioso para la empresa.

Los trabajadores de las empresas juegan un papel muy importante en el tratamiento de los datos personales, y deben actuar con diligencia para usarlos correctamente.

Al margen de estos derechos, la LOPDGDD recoge los denominados **derechos digitales.** Los prestadores de servicios de la sociedad de la información y los proveedores de servicios de Internet deben garantizar la aplicación de los derechos y libertades recogidos en la Constitución y en los Tratados y Convenios Internacionales en los que participe nuestro país, y que son plenamente aplicables en internet. Estos derechos digitales se agrupan dependiendo de varios factores:

DERECHOS GENERALES DE LAS PERSONAS EN INTERNET

- Derecho a la neutralidad en Internet.
- Derecho de acceso universal a Internet.
- Derecho a la seguridad digital.
- Derecho de rectificación en Internet.
- Derecho a la actualización de informaciones en medios de comunicación digitales.
- Derecho al olvido en búsquedas de Internet.
- Derecho al olvido en servicios de redes sociales y servicios equivalentes.
- Derecho de portabilidad en servicios de redes sociales y servicios equivalentes.
- Derecho al testamento digital.

DERECHOS EN EL ÁMBITO LABORAL

- Derecho a la intimidad y uso de dispositivos digitales.
- Derecho a la desconexión digital.
- Derecho a la intimidad frente al uso de dispositivos de videovigilancia y de grabación de sonidos en el lugar de trabajo.
- Derecho a la intimidad ante la utilización de sistemas de geolocalización.
- Derechos digitales en la negociación colectiva.

DERECHOS DE LOS MENORES

- Derecho a la educación digital.
- Protección de los menores en Internet.
- Protección de datos de los menores en Internet.

✎ ACTIVIDAD 2

Identifica cuáles son los aspectos principales a los que hace referencia la protección de datos en la LOPDGDD y la LSSI:

a. Según la LSSI las empresas están obligadas a informar a sus clientes sobre las responsabilidades que tienen si utilizan Internet con fines ilícitos.

b. Las empresas que realizan actividades económicas por Internet y que se encuentran en el ámbito de aplicación de la LSSI pueden disponer y tratar los datos personales de los usuarios libremente, sin requerir su consentimiento expreso.

c. Según la LOPDGDD la información se cataloga en categorías de datos, tales como: básicos, especiales y relativos a condenas e infracciones.

d. La LOPDGDD y el RGPD indican que el responsable tiene el deber de informar al interesado sobre determinados aspectos en el tratamiento de sus datos y los medios por los que puede ejercer los derechos en materia de protección de datos.

---

7. Confección y presentación de informes

☞ HILO CONDUCTOR

Para llevar un control adecuado de la gestión de la empresa, los directivos del grupo empresarial LIMPISA exigen a todos los encargados que elaboren periódicamente informes sobre los diferentes departamentos.

Estos servirán a los directivos para planificar el rumbo de la organización y corregir las posibles desviaciones que se estén produciendo.

El informe es una **forma de presentación de datos** que brinda información a personas competentes o interesadas para la toma efectiva de decisiones.

El fin del informe, como su propio nombre indica, es informar. No obstante, se pueden incluir elementos persuasivos como recomendaciones, sugerencias u otras conclusiones que indican posibles acciones futuras que el lector pudiera adoptar.

Para que un informe sea presentado de forma adecuada debe poseer las siguientes **características:**

- Texto objetivo.
- Lenguaje preciso.
- Sustentar datos precisos.
- Argumentar hechos verificables.
- Aportar pruebas concretas.
- Se apoya en gráficos, tablas, resúmenes, datos estadísticos, etc.

 SABÍAS QUE...

La norma NTC enfatiza los aspectos formales de la presentación de una investigación. Fue creada en 1979 y se actualiza cada 5 años.

Existen diferentes **tipos de informes,** dependiendo de su contenido:

Informes expositivos
- Se limitan a facilitar una información objetiva, prescindiendo de su análisis. Exponen la información sin más.

Informes valorativos
- Facilitan una información y analizan los datos que contiene esa información.

Informes resolutivos
- Se elaboran a partir de un problema planteado, facilitando información sobre el mismo y ofreciendo alternativas para valorarlo.

◎ **EJEMPLO**

Julia, la encargada de una franquicia de complementos *Miss Accesories,* tiene la tarea de preparar tres informes, necesarios para la próxima reunión de accionistas:

a. En primer lugar, debe realizar un informe expositivo sobre las ventas y beneficios obtenidos por el comercio durante los tres últimos meses.
b. Por otro lado, debe elaborar un informe valorativo en el que se evalúen los medios de los que se dispone en el local (mobiliario, cajas, *stock,* etc.) para desempeñar correctamente la función requerida y el rendimiento de las tres personas que se encuentran a su cargo.
c. Por último, se pide a Julia que plasme en otro informe (resolutivo) las causas y posibles soluciones para el problema del paulatino descenso de ventas.

7.1. Estructura de un informe

En la siguiente ilustración se puede observar gráficamente la estructura que debe presentar un informe:

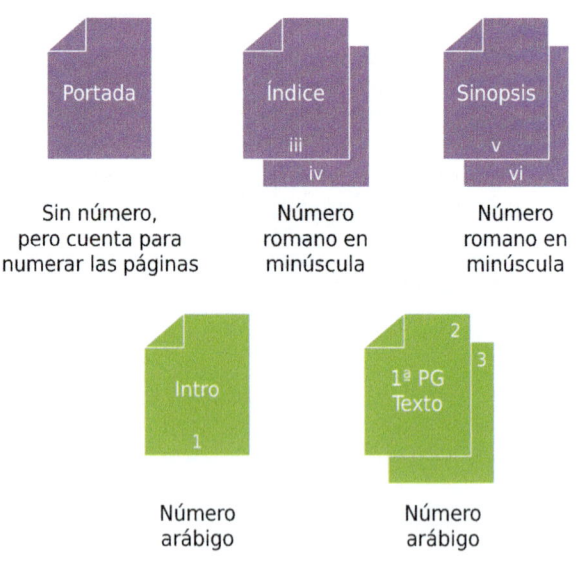

Continúa en página siguiente >>

<< Viene de página anterior

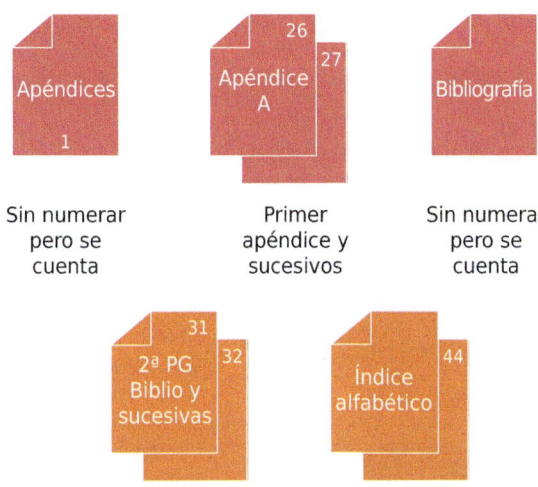

Independientemente del tipo de Informe que se pretenda elaborar, estos siempre deben contar con un contenido básico fundamental.

Parte del informe	Características
Portada	Recoge el título del informe, nombre del autor, la persona o departamento solicitante y la fecha de terminación del informe.
Índice	Recoge los títulos y subtítulos de las distintas partes del informe, sirve como guía.
Introducción	Se presenta el informe tratando de atraer la atención del lector y ofreciendo una visión general del tema a tratar.
Cuerpo	Es en esta parte donde se desarrollan los análisis y surgen paulatinamente los hallazgos que servirán de base para formular conclusiones.
Bibliografía	Es un listado de las fuentes consultadas que se han tomado como referencia o documentación para la elaboración del informe.

Generalmente, los trabajos cierran con una **conclusión** en la que se suele enunciar la solución del problema. Su expresión debe realizarse de forma específica y breve, adaptándose siempre al informe.

7.2. ¿Cómo se elabora un informe?

Para elaborar correctamente un informe hay que seguir una serie de pasos:

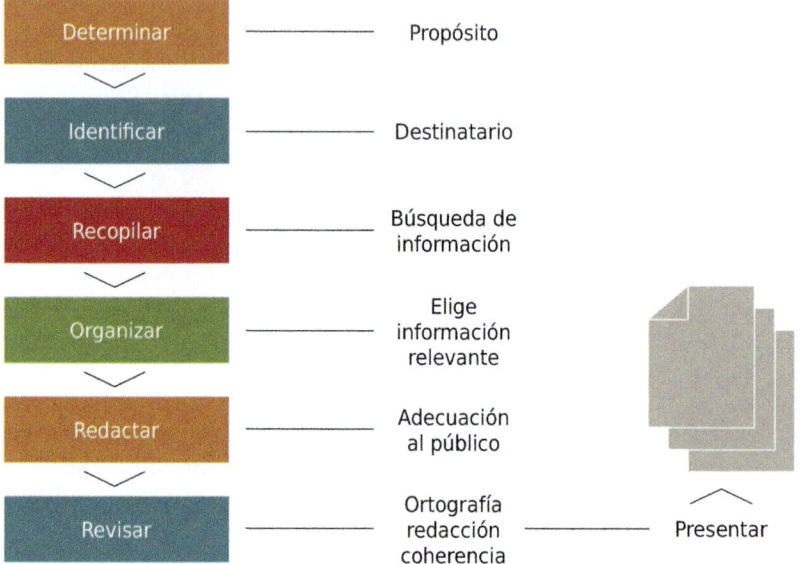

A continuación, se explican cada uno de los puntos principales del esquema.

Determinación del tema

En primer lugar, se acotará y determinará el tema que se va a tratar en el informe.

 **EJEMPLO**

Julia, la encargada de la franquicia de complementos Miss Accesories, debe realizar ahora un informe sobre las tendencias en los clientes, qué es lo que más demandan en su tienda de accesorios. Ese sería el tema: productos más demandados por los clientes en los seis últimos meses.

Identificar al destinatario del informe

Hay que conocer a quién va dirigido el informe, y adaptar el lenguaje y los contenidos al público objetivo.

 **EJEMPLO**

Siguiendo con el ejemplo de Julia, esta sabe que el informe va dirigido al matrimonio dueño de la franquicia, sus jefes. Por ello, Julia sabe que el lenguaje empleado en el informe debe ser formal y serio y también sabrá que los datos más relevantes son principalmente los relacionados con los beneficios obtenidos y la rentabilidad que se puede conseguir.

Recopilar información del tema elegido

Se utiliza la información que se tiene sobre el tema elegido y se busca más en caso necesario, utilizando todos los medios de los que se dispongan.

 **EJEMPLO**

Julia comienza a recopilar toda la información que puede poseer. En primer lugar, echa mano de la información interna que le puede servir: albaranes, libro de facturas emitidas, etc. También es consciente de que necesitará alguna información externa.

Organizar la información obtenida, acotando el tema

Una vez que se dispone de toda la información necesaria, se elige la información más relevante para la realización del informe.

Redacción

Una vez disponemos de la información necesaria, se comienza la redacción del informe. Debemos adecuar el lenguaje al público al que nos vayamos a dirigir.

 **EJEMPLO**

Julia redacta el informe utilizando un programa de redacción. Ya lo tenía todo preparado: el tema, las ideas a desarrollar, etc. Lo único que va a hacer ahora es plasmarlo.

Revisión

En la revisión del informe se deben examinar principalmente tres aspectos, ortografía, redacción y coherencia.

7.3. Consideraciones de la presentación

Una adecuada presentación de un informe resulta vital, pues la impresión que cause será totalmente determinante en sus receptores.

Por lo tanto, hay que tener en cuenta una serie de **recomendaciones:**

Papel

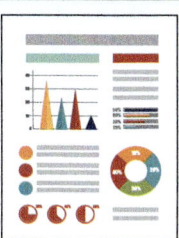

- **Presentación:** a una sola cara.
- **Color:** blanco, sin brillo.
- **Buena calidad:** preferentemente de 80 u 85 g o superior. Pero sería aceptable de 70 o 75 g.
- **Tamaño:** lo normal es A4.

Tipografía

- **Fuente:** es preferible una tipografía sobria (Time New Roman, Arial, Courier, Geneva, Helvética, New Cork, Garamond o similar).
- **Color:** blanco, sin brillo.
- **Tamaño:** discreto, algo como 11 o 12, de acuerdo con la letra elegida. Debe permitir una lectura sin esfuerzos por parte del destinatario.

Numeración

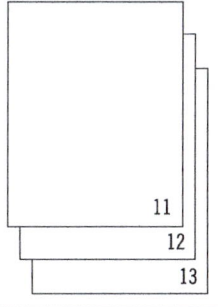

- Las hojas se enumeran seguidamente, de la primera a la última página con números arábigos; la mayoría de las veces en el ángulo inferior derecho, aunque también se permite centrarlas en la parte inferior de la página.

Márgenes

- Se han ido especificando los márgenes en las anteriores ilustraciones en cada uno de los apartados: portada, índice, cuerpo, etc.
- Aunque de manera general se puede decir:

  - Margen izquierdo: de 3,5 cm.
  - Los otros tres márgenes serán de 2,5 o 3 cm.

 ACTIVIDAD COMPLEMENTARIA

4. Busca información sobre cuáles son los informes que se pueden encontrar habitualmente en las empresas.

8. Resumen

Las **quejas y reclamaciones** de los clientes, junto con los **cuestionarios de satisfacción** entregados por estos, constituyen una importantísima fuente de información para las empresas.

Para el tratamiento de quejas y reclamaciones se recomienda conocer ciertos aspectos generales en el contacto personal con el cliente que expone la queja.

Además de las quejas, las empresas manejan otro tipo de información derivada de sus actividades, esta requiere una ordenación y sistematización para que pueda ser recuperada en cualquier momento. El **archivo** constituye la ordenación y clasificación de los distintos documentos contenidos en una empresa.

Antes de almacenar la información en el archivo, esta sigue cinco fases sucesivas en su tratamiento y gestión: **recogida, registro, elaboración, comunicación y almacenamiento** de la misma.

Una de las herramientas más utilizadas para almacenar esa información son las **bases de datos.** Estas, además de almacenar datos, cuentan con mecanismos para su correcta clasificación, que permiten al usuario recuperarla en el momento requerido. De esta manera, se han convertido en un elemento fundamental para el sistema de información de las grandes empresas y las pymes.

Las bases de datos de las empresas u organizaciones suelen tener una ingente cantidad de datos personales cedidos por sus clientes y usuarios que deben ser protegidos. Cualquier ciudadano tiene derecho a la salvaguarda de la intimidad, así que para este fin, existen **normativas que regulan el empleo de los datos personales.**

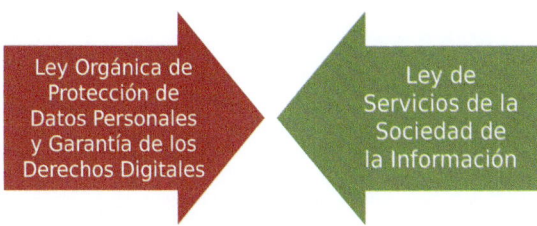

El **informe** es una forma de presentación de los datos que resulta vital en el mundo empresarial y de los negocios. Es un texto expositivo y argumentativo gracias al cual se transmite una información y se exponen unos datos dirigidos a un destinatario que, normalmente, deberá tomar una decisión respecto al tema tratado en el texto.

Ejercicios de autoevaluación
Unidad de Aprendizaje 1

1. **En los siguientes casos, identifica cuál es una queja y cuál una reclamación.**

   a. Un cliente pide que le cambien la plancha que ha comprado por otra nueva que funcione bien.
   b. El cliente de un restaurante le dice al camarero que la sopa estaba un poco fría.
   c. En un centro comercial, una de las clientas le dice al chico que hay en el mostrador de atención al cliente que el baño estaba sucio.
   d. El comprador de un coche va al concesionario para denunciar que los frenos del vehículo estaban en mal estado y que estuvo a punto de tener un accidente.

2. **En el hotel Bahía Azul, Ana, la recepcionista, recibe una llamada de una de las agencias de viaje que colaboran con el establecimiento. Le dicen a Ana que el próximo mes se alojarán en el hotel un grupo de 90 japoneses durante una semana.**

   Asocia cada acción informativa realizada por Ana con la fase del proceso de tratamiento y gestión de información correspondiente.

   a. Ana le dice a Pablo, el jefe de recepción, que llegará el grupo de 90 japoneses.
   b. Ana archiva los documentos que le han mandado de la agencia de viajes, con la información relativa a todos los clientes japoneses.
   c. Llaman al hotel Bahía Azul, diciendo que se alojará allí un grupo de 90 japoneses.
   d. La recepcionista, Ana, anota en la base de datos de reservas todos los datos relativos al grupo: n.º huéspedes, n.º habitaciones, nombres, fecha de estancia, etc.
   e. Ana redacta toda la información.

   _ Recogida de información.
   _ Elaboración de la información.
   _ Registro de información.
   _ Comunicación de la información.
   _ Almacenamiento de la información.

3. **Determina cuáles de las siguientes afirmaciones son verdaderas o falsas.**

   a. No importa el momento en el que se registre la información para que esta esté controlada.

      ■ Verdadero
      ■ Falso

   b. La información primaria es aquella que se obtiene dentro de la empresa.

      ■ Verdadero
      ■ Falso

   c. Los datos secundarios son los que mejor se adaptan al propósito de la investigación y los que menor coste tienen.

      ■ Verdadero
      ■ Falso

4. **Relaciona los siguientes elementos:**

   a. Registros
   b. Campos
   c. Tablas
   d. Lenguaje SQL

   ___ Conjunto de datos interrelacionados entre sí.
   ___ Permite especificar diversos tipos de operaciones y también permite hacer cambios y efectuar consultas con el fin de recuperar información.
   ___ Corresponden a las filas.
   ___ Corresponden a las columnas.

5. **De las siguientes oraciones, indica cuáles son verdaderas o falsas.**

   a. En el ámbito de la protección de datos, la información sobre la orientación sexual se incluye en la categoría de datos básicos.

      ■ Verdadero
      ■ Falso

b. Los mecanismos de recogida y análisis de los datos personales se encuentran en constante evolución.

- Verdadero
- Falso

c. En ocasiones, el ciudadano no tendrá derecho a controlar sus datos personales.

- Verdadero
- Falso

6. **Julia, la encargada de la tienda de complementos Miss Accesories, debe realizar varios informes. Relaciona los siguientes tipos de informe que realiza según su contenido:**

a. Informe que evalúa la actitud de los empleados a su cargo con el público.
b. Informe en el que se expone el *stock* sobrante en el comercio.
c. Informe en el que se proponen diferentes alternativas para aumentar las ventas de una empresa.

__ Informe resolutivo
__ Informe valorativo
__ Informe expositivo

7. **Identifica qué información no es necesaria para realizar una reclamación.**

a. Causas que motivan la reclamación.
b. Lugar, fecha y firma de la reclamación.
c. Datos fiscales del reclamante.
d. Identificación de la póliza, recibo o factura.

8. **Determina cuál de los siguientes instrumentos se utiliza de forma general para hacer copias de seguridad.**

a. El lápiz de memoria
b. El DVD
c. Las cintas magnéticas
d. El disco duro

9. ¿Cuál es el mejor sistema para almacenar planos o mapas?

    a. El archivo vertical
    b. El CD-ROM
    c. El archivo lateral
    d. El archivo horizontal

10. El derecho que impide la difusión de información personal falsa o irrelevante a través de internet, se denomina:

    a. Derecho al olvido
    b. Derecho de oposición
    c. Derecho de escisión
    d. Derecho de rectificación

11. Determina cuáles de las siguientes afirmaciones son verdaderas o falsas.

    a. A la hora de realizar un informe, en primer lugar, se acotará y determinará el tema que se va a tratar.

        ■ Verdadero
        ■ Falso

    b. Para recopilar la información de un informe deberán utilizarse siempre datos primarios.

        ■ Verdadero
        ■ Falso

    c. A la hora de redactar un informe se debe utilizar un vocabulario amplio y técnico para darle valor.

        ■ Verdadero
        ■ Falso

12. Cita los aspectos generales que deben tenerse en cuenta en el contacto personal con un cliente que presenta una queja.

_____
_____
_____
_____

Técnicas de comunicación a clientes/ consumidores/ usuarios

Contenido

Objetivo

El objetivo específico de esta Unidad de Aprendizaje es:

→ Aplicar técnicas de comunicación en situaciones de atención / asesoramiento al cliente.

1. Introducción

La **comunicación comercial** constituye la manera de crear relaciones con los clientes; todo el personal que mantenga un contacto directo con el cliente deberá comunicarse atendiendo a una serie de criterios que estudiaremos a lo largo de la unidad, entre ellos cabe destacar el lenguaje y aptitudes como la **empatía,** la **asertividad** y la **escucha activa.**

Existen varios tipos de comunicación dependiendo del número de interlocutores que intervienen en el proceso.

Además de la **comunicación verbal,** haremos referencia a la **comunicación no verbal.** Se deben cuidar todos y cada uno de los aspectos del lenguaje no verbal para transmitir un adecuado mensaje a nuestros clientes, al mismo tiempo que estaremos pendientes de sus gestos, apariencia, etc., para extraer más información implícita en su comunicación.

La mayoría de los contactos con los clientes se realizan mediante herramientas que permiten la comunicación no presencial. Una de las más utilizadas es el teléfono, es por ello que se hará un análisis más profundo de este medio de comunicación.

Para el desarrollo del contenido analizaremos **las técnicas de comunicación del grupo empresarial LIMPISA, S. L.,** empresa líder en la comercialización y fabricación de maquinaria y productos de limpieza con sede central en un polígono industrial a las afueras de Valladolid.

2. Modelo de comunicación interpersonal

 HILO CONDUCTOR

Francisco es el jefe de atención al cliente del grupo LIMPISA. En esta organización existen diferentes departamentos que se encuentran en contacto directo con el cliente, tanto de manera presencial, en el caso de los establecimientos comerciales, como de forma no presencial, en el caso del departamento de atención al cliente y *telemarketing.*

El término comunicación es muy utilizado, pero, en realidad, ¿qué es la comunicación?

El proceso de la comunicación es un complejo sistema de acciones e interacciones personales y grupales, donde un individuo transmite un mensaje a otro y este a su vez responde a otro mensaje, lo que genera un proceso circular y continuo.

Kurt Lewin

En el siguiente esquema podrás observar el modelo de comunicación interpersonal:

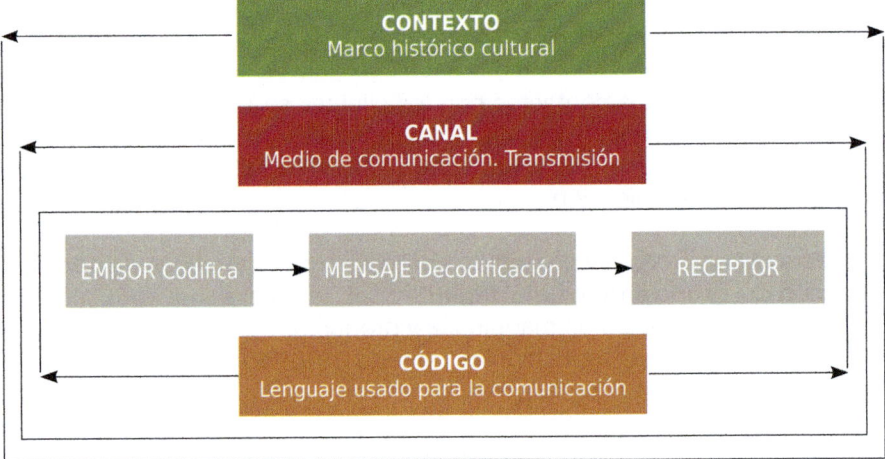

En una organización, debe tenerse en cuenta la comunicación que se da tanto dentro como fuera de la misma. Por un lado se encuentra la **comunicación interna,** que es la que se da dentro de la empresa. Una buena comunicación interna facilita enormemente su funcionamiento, pues esto produce que los mensajes transmitidos se entiendan de una manera **fácil y eficaz.**

Si tenemos en cuenta los niveles de jerarquía dentro de la organización, podemos distinguir tres flujos de comunicación.

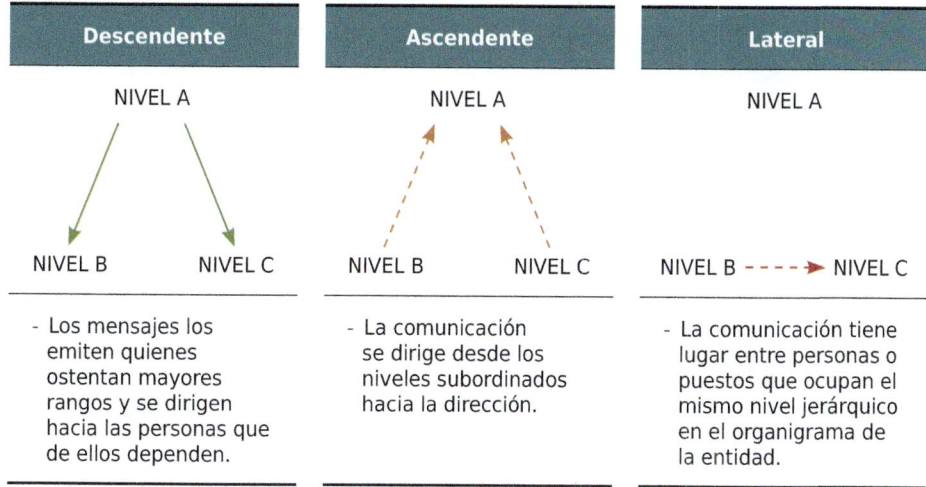

Descendente	Ascendente	Lateral
- Los mensajes los emiten quienes ostentan mayores rangos y se dirigen hacia las personas que de ellos dependen.	- La comunicación se dirige desde los niveles subordinados hacia la dirección.	- La comunicación tiene lugar entre personas o puestos que ocupan el mismo nivel jerárquico en el organigrama de la entidad.

Por otro lado, **la comunicación externa** es el conjunto de mensajes de contenido informativo de la organización, dirigidos a mejorar o crear las relaciones con los diferentes públicos relacionados con la empresa, de tal manera que se proyecte una imagen favorable de la misma.

La comunicación externa cobra especial relevancia en el marco exterior a la empresa, ya que se utiliza para comunicarse con los clientes, proveedores, y demás agentes externos.

Las principales características de la comunicación externa son las siguientes:

- ⟳ El mensaje y el canal de comunicación empleado se deberán adaptar al público al que se dirige.
- ⟳ Abarca la comunicación con clientes, intermediarios, proveedores, competencia, medios de comunicación y público, y es tan importante para la empresa como la comunicación interna.
- ⟳ Todos los miembros de la organización pueden realizar funciones de comunicación externa, ya que cuando las personas se sienten identificadas con la organización y mejoran las relaciones laborales, transmiten una imagen positiva hacia el exterior.

Para que la **comunicación sea eficaz,** ya sea dentro o fuera de una organización, debe reunir una serie de **características:**

Rasgos de la comunicación eficaz

Relevante
La organización debe decidir en cada momento qué información del entorno quiere suministrar y para quién es relevante.

Calidad
Se refiere a la precisión de la información.

Temporalidad
La rapidez es un factor a tener en cuenta a la hora de suministrar la información.

Accesibilidad
La información debe expresarse de forma comprensible y sencilla.

Abierta
Tiene por objeto comunicarse con el exterior.

Evolutiva
Hace énfasis en la comunicación imprevista que se genera dentro de una empresa u organización.

Flexible
Permite una comunicación oportuna entre lo formal e informal.

Multidireccional
La comunicación puede ser lateral, de arriba hacia abajo o viceversa, puede ser interna o externa.

Instrumentada
Utiliza herramientas, soportes, dispositivos para que las informaciones que circulan en la organización lleguen en el momento adecuado.

2.1. Elementos: objetivos, subjetivos y contenidos

Comunicarse es hacer llegar a otras personas nuestros conocimientos o pensamientos. Para que exista comunicación debe haber un emisor, un receptor, un mensaje y un canal, a través del cual se envía el mensaje.

A continuación se muestran los **elementos o factores de la comunicación** humana:

- **Emisor:** es la persona que elige y selecciona los signos adecuados para transmitir su mensaje; es decir, los codifica para poder llevarlos de manera entendible al receptor. En el emisor se inicia el proceso comunicativo.
- **Receptor:** persona a la que se destina el mensaje; está en él descifrar e interpretar lo que el emisor quiere dar a conocer.
- **Código:** conjunto de reglas propias de cada sistema de signos y símbolos que el emisor utilizará para transmitir su mensaje.
  Ejemplo: código morse, gramática de algún idioma, algoritmos informáticos o formulación química.
- **Mensaje:** es el conjunto de ideas, sentimientos, acontecimientos expresados por el emisor y que desea transmitir al receptor para que sean captados de la manera que desea el emisor. El mensaje es la información.
- **Canal:** es el medio a través del cual se transmite la información/comunicación, estableciendo una conexión entre el emisor y el receptor.
  Ejemplo: algunos canales bastante comunes son el aire, en el caso de la voz, y el hilo telefónico, en el caso de una conversación telefónica.
- **Situación:** es el tiempo y lugar en que se realiza el acto comunicativo.
- **Inferencia o barrera:** es cualquier perturbación que sufre la señal en el proceso comunicativo.
  Ejemplo: una barrera muy común es el ruido de fondo que puede existir en una conversación telefónica.
- **Retroalimentación:** se conoce también como *feedback*. Es la condición necesaria para que exista interactividad en el proceso comunicativo, siempre y cuando se reciba una respuesta, logrando interacción entre el emisor y el receptor.

Estos elementos se relacionan entre sí para dar lugar al **proceso de comunicación:**

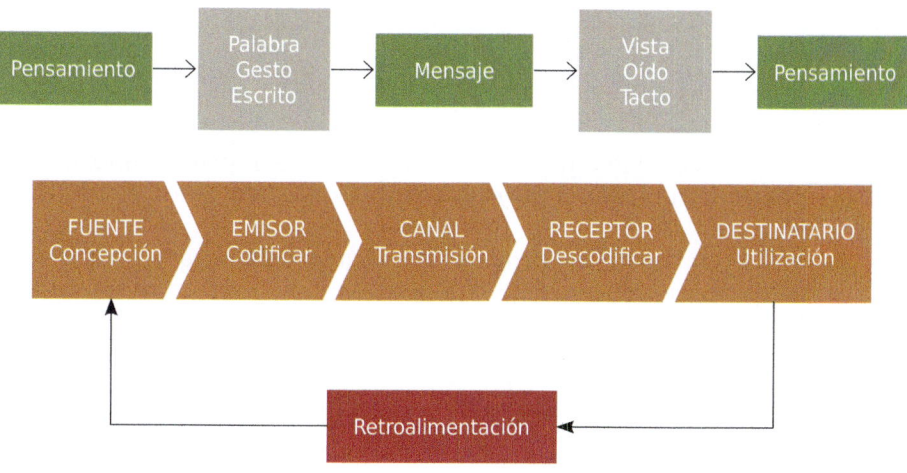

Pero en el proceso comunicativo no solo prima saber cuáles son los elementos que lo componen, de vital importancia es saber el contenido y los objetivos que se persiguen con tal acto.

Contenidos y objetivos de la comunicación

Cuando tenemos pensado comunicarnos, resulta útil reflexionar sobre los siguientes puntos:

- Hay que fijar un objetivo, distinguiendo qué queremos conseguir y a quién nos queremos dirigir.
- En función de esto, se decidirán los aspectos que se abarcarán, adaptando así nuestra actuación.

De este modo, previamente a pensar lo que queremos decir nos haremos tres **preguntas básicas:**

- ¿Qué deseo conseguir?
- ¿Por qué me dirijo al público?
- ¿Qué deseo que las personas receptoras hagan o sientan después?

Los **objetivos** de la comunicación pueden clasificarse en:

Informar - enseñar - adiestrar
Estimular - animar - motivar
Persuadir - convencer
Averiguar - debatir - negociar
Divertir - entretener

Es normal que existan varios objetivos de tipo general, pero es fundamental que prevalezca uno **concreto y alcanzable** por encima de los demás.

Así pues, el contenido de los mensajes está muy determinado por los objetivos de la comunicación.

2.2. Sistemas de comunicación: evolución y desarrollo

La comunicación, en tanto fenómeno sociocultural, se presenta bajo tres modos que estructuran las situaciones comunicativas.

En un principio, la comunicación tan solo estaba constituida por gestos, señales, olores, etc., y no por un lenguaje organizado. Más tarde apareció la **comunicación verbal,** que usa un lenguaje organizado. No por ello dejó de usarse la comunicación no verbal. En un principio, este lenguaje tan solo era **oral,** pero en un paso más hacia la evolución, se fijó la **escritura.**

Todos estos sistemas de comunicación se complementan entre sí:

Era de los signos y señales
- Lo que parece más probable es que los primeros seres humanos se comunicaran por medio de un número limitado de sonidos que eran físicamente capaces de producir y el lenguaje corporal.
- La complejidad de los mensajes que estos primeros seres humanos podrían transmitir de forma interpersonal era limitada.

La era del habla y el lenguaje
- Hace unos 35.000 años, los hombres de cromañón desarrollaron el habla y el lenguaje. Esto les dio una gran ventaja: podían razonar por medio del lenguaje.
- El cambio de la comunicación por el habla hizo posibles vertiginosas modificaciones de la existencia humana, a la vez que las sociedades de distintas partes del mundo hacían la transición desde un sistema de vida basado en la caza y la recolección al desarrollo de las grandes civilizaciones clásicas.

La era de la escritura
- La historia de la escritura es la del progreso desde las representaciones pictográficas a los sistemas fonéticos, y desde los dibujos estilizados y pinturas que reflejaban ideas complejas hasta la utilización de letras simples que significaban sonidos.
- El uso de los caracteres para representar sílabas supuso el primer paso en el desarrollo de la escritura fonética y fue de gran avance para la comunicación humana.

2.3. Comunicación presencial y no presencial

☞ HILO CONDUCTOR

La comunicación con los clientes en el grupo LIMPISA se puede realizar de dos formas, presencial o no presencial.

Francisco es el encargado de comunicar al personal que trabaja en contacto con los clientes cuáles son las técnicas de comunicación más oportunas para cada uno de estos métodos de comunicación.

En la **comunicación presencial,** cara a cara, se utilizan todos los tipos de comunicación, tanto verbal como no verbal. El mensaje comunicativo se ve reforzado por los distintos modos de comunicación: una frase puede ser complementada con un gesto. Esto da lugar a un menor número de confusiones, pues el mensaje es repetido por distintos canales.

La búsqueda del ser humano por satisfacer cada vez mejor su necesidad de comunicación, ha sido el impulso que ha logrado la instauración de **sistemas de comunicación no presencial,** que facilitan la comunicación ahorrando tanto en tiempo como en desplazamientos.

La **transmisión del mensaje** se puede dar utilizando un medio físico o sin medio físico.

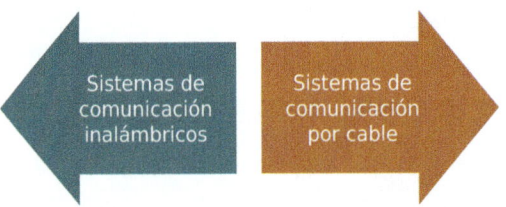

Los **sistemas de comunicación** por cable son aquellos que utilizan un medio físico, cables para transmitir señales eléctricas o mediante fibra óptica, para transmitir señales de luz.

En cambio, los **sistemas de comunicación inalámbricos** son los que envían las señales que constituyen los mensajes a través del aire, mediante ondas electromagnéticas.

APLICACIÓN PRÁCTICA

Dados los siguientes sistemas de comunicación, ¿sabrías identificar cuáles de ellos se corresponden con los sistemas de comunicación por cable?

a. Telégrafo óptico y eléctrico.
b. Televisión.
c. Radio analógica y digital.
d. Teléfono.

Solución

A continuación, se exponen los elementos de comunicación por cable:

* **Telégrafo óptico y eléctrico:** desde un punto de vista tecnológico, el telégrafo fue el primer sistema de comunicación del ser humano.
* **Teléfono:** los teléfonos tradicionales utilizan el sistema de comunicación por cable, aunque es preciso puntualizar que los teléfonos móviles utilizan sistemas inalámbricos.

Tanto la televisión como la radio utilizan sistemas de comunicación inalámbricos.

- -

ACTIVIDAD COMPLEMENTARIA

5. Busca información sobre los sistemas de comunicación inalámbricos que se utilizan normalmente en las empresas y determina qué tipo de ventajas aporta el uso de estos sistemas.

- -

2.4. Habilidades para una buena comunicación

En todo proceso de comunicación hay cuatro cualidades básicas:

- **Empatía:** capacidad de recibir y comprender las vivencias de otras personas, especialmente los estados de ánimo. Es decir, una persona empática es aquella que es capaz de ponerse en el lugar del otro.
- **Asertividad:** es una habilidad personal que nos permite expresar nuestros sentimientos, deseos, opiniones y pensamientos, en el momento oportuno, de la forma adecuada y sin negar ni desconsiderar los derechos de los demás. Es una manera de llegar a conseguir los objetivos que nos proponemos sin sentirnos incómodos por ello ni incomodar a los demás.
- **Escucha activa:** habilidad para captar adecuadamente y en su totalidad el mensaje de la otra persona. "No es lo mismo oír que escuchar".
- **Retroalimentación:** recurso que nos permite comprobar el estado del proceso de comunicación, si se está llevando a cabo correctamente o si, por el contrario, se ha desvirtuado. Su finalidad es comprobar si el interlocutor ha comprendido o no el mensaje, ¿cómo?:

  - Planteando cuestiones.
  - Repitiendo el mensaje.
  - Expresando acuerdo/desacuerdo.
  - A través de la persistencia en el mismo tema.
  - Respuestas con empatía.

NOTA

La asertividad es una técnica de comunicación que se encuentra a medio camino entre la agresividad y la pasividad.

3. Comunicación con una o varias personas: diferencias y dificultades

👉 HILO CONDUCTOR

En determinadas ocasiones, los trabajadores del grupo LIMPISA realizan exposiciones multitudinarias de sus productos en ferias, congresos, etc.

Francisco es consciente de que no todos los trabajadores están preparados para aplicar técnicas de comunicación masivas, por lo que ha decidido ofrecer un curso a algunos de sus empleados para que conozcan las técnicas que se emplean en este tipo de situaciones.

Existen varios **niveles en la comunicación,** diferenciados según el número de individuos que intervengan:

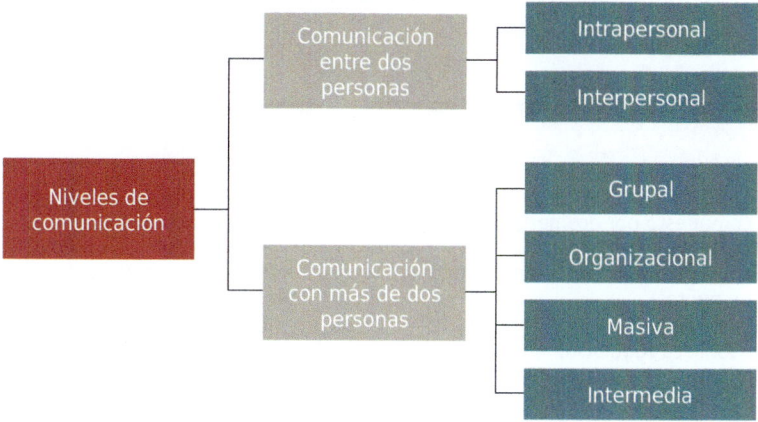

A continuación, se explican cada uno de ellos:

- ⮑ **Intrapersonal:** es la comunicación que se produce en el interior de la persona, el diálogo de uno consigo mismo.
- ⮑ **Interpersonal:** se produce cuando se comunican entre sí, de forma directa, dos personas que se encuentran físicamente próximas. Los interlo-

cutores no están regidos por demasiadas reglas y la comunicación debe ser fluida.

- ⮑ **Grupal:** un grupo de individuos forma una unidad comunicativa, es decir, emiten el mismo mensaje como una sola unidad.
- ⮑ **Organizacional:** se produce en cualquier organización en la que sea necesaria la jerarquía y el flujo en función de decisiones de poder.
- ⮑ **Masiva:** es conocida como la comunicación de masas, en la que el mensaje se dirige a un público masivo. En ella pueden intervenir nuevas tecnologías de la información y la comunicación. Ejemplo: televisión, internet, etc.
- ⮑ **Intermedia:** esta comunicación se distingue por la presencia de un instrumento técnico en el cual participan sujetos identificables. Los medios que utiliza para transmitir el mensaje son, entre otros, el teléfono, el satélite y el teletipo.

3.1. Diferencias entre la comunicación con una persona y la comunicación con más de una persona

El proceso de comunicación, sea del tipo que sea, siempre sigue el mismo procedimiento; no obstante, se pueden encontrar diferencias significativas entre la comunicación mantenida con una o varias personas:

Con una persona	Con varias personas
- El acto de comunicación está compuesto por dos participantes, como máximo. - La atención se focaliza solamente en un punto. - Turno de palabra repartido entre dos. Poca regulación en la toma del mismo, pues es más fácil lograr el consenso en este aspecto. - Mayor facilidad para conseguir un rol dominante en la comunicación. - Las interferencias son mínimas, pues el ruido generado por dos personas es poco.	- En el acto comunicativo intervienen más de dos personas. - Se ha de tener la atención dispersada en varios focos, que son las distintas personas con las que se mantiene la conversación. - Regulación en la toma del turno de palabra. Regido por reglas para lograr que todos los participantes puedan intervenir. - Mayor dificultad para hacernos con el control de la conversación. - Mayor número de ruidos generados por las múltiples intervenciones.

3.2. Roles en la comunicación con más de una persona

En una conversación con varias personas resulta muy importante conseguir desempeñar un rol de líder, sobre todo, en atención al cliente, en la que se debe tratar de **conseguir controlar el proceso comunicativo.**

Cuando nos comunicamos con un grupo de clientes, se pueden desarrollar diferentes roles, pero siempre se debe tratar de constituir el centro de esa comunicación. Estos roles son los siguientes:

| León | Lechuza | Perro |
| Hipopótamo | Caballo | Mono |

A continuación, se explican las características de cada uno de estos roles:

➲ **León:** este rol resulta muy adecuado para tratar de conseguir el consenso de un grupo y para manejar procesos. Su principal manifestación es su capacidad para manejar procesos. Se caracteriza por:

- ◑ Moderador
- ◑ Controlador
- ◑ Regulador
- ◑ Conductor
- ◑ Armonizador
- ◑ Estimulador

➲ **Lechuza:** rol muy adecuado para manejar la información. Un caso ilustrativo puede ser para comparar precios, rasgos de productos, utilidades, etc. Se caracteriza porque:

- Ve hechos concretos
- Maneja datos
- Procesa información

➲ **Perro:** este papel es muy propicio cuando se debe trabajar con sentimientos y emociones, como, por ejemplo, en una consulta médica. Se caracteriza por:

- Expresa sentimientos y opiniones
- Intuitivo
- No necesita justificar lo que siente
- Actúa por gustos y preferencias

➲ **Hipopótamo:** percibe lo negativo de las cosas, por lo que es útil a la hora de detectar fallos o riesgos, como por ejemplo, en las aseguradoras. Se caracteriza por:

- Ve lo negativo
- Destaca los riesgos y peligros
- Enjuicia
- Encuentra la razón por la que algo no resultará
- Describe errores

➲ **Caballo:** es muy útil para trabajos en los que se desarrolle la acción. Se caracteriza por:

- Optimista
- Positivo
- Ve las oportunidades
- Constructivo
- Encuentra las fortalezas
- Lógico y práctico

➲ **Mono:** es muy indicado para labores en las que sea necesaria la creatividad. Se caracteriza por:

- Creativo
- Genera cambios
- Genera situaciones nuevas
- Imaginativo

3.3. Direcciones de la comunicación

Por el sentido representado en el esquema del proceso de comunicación, y con independencia del número de participantes que intervengan en ella, la comunicación puede seguir una serie de direcciones:

UNIDIRECCIONALES	A ————————→ B
RECÍPROCAS	A ←————————→ B
MULTIDIMENSIONALES	A ⇒ B / C / D
DE TRANSFERENCIA	A ——→ (a) ——→ B

Atendiendo a la dirección que siga, la comunicación se clasificará en diferentes categorías:

- ➲ **Comunicación unidireccional:** caso en el que un vendedor expone las características de un producto a un cliente que escucha atentamente, emisor y receptor no alteran los roles.
- ➲ **Comunicación recíproca:** emisor y receptor alternan sus roles, conversación con *feedback* con un cliente.
- ➲ **Comunicación multidimensional:** un emisor dirige la conversación a un grupo de clientes, es la comunicación clásica de las conferencias.
- ➲ **Comunicación de transferencia:** la persona receptora actúa posteriormente como emisora y así sucesivamente, el comportamiento comunicativo se asemeja al efecto dominó.

4. Barreras y dificultades en la comunicación interpersonal presencial

☞ **HILO CONDUCTOR**

Patricia es extranjera y trabaja en el departamento de embalajes del grupo LIMPISA. Se está adaptando a su nuevo puesto de trabajo y aún no conoce bien el idioma, por lo que le cuesta comunicarse con sus compañeros y comprender las instrucciones del responsable del departamento.

Las barreras de comunicación son obstáculos que pueden llegar a distorsionar, desvirtuar o impedir parcial o totalmente el mensaje, y se sitúan entre el emisor y el receptor.

Existen tres **tipos de barreras** de comunicación:

Ambientales	Verbales	Interpersonales

- Son las barreras que nos rodean. Son interpersonales y repercuten de forma negativa sobre la comunicación. Pueden ser:
  - Incomodidad.
  - Distracciones visuales.
  - Interrupciones.
  - Ruidos.
	- Con ellas nos referimos a los modos de hablar que interfieren en la comunicación.
	- Ejemplo:
	  - Excesiva rapidez hablando.
	  - Malas aplicaciones.
	  - Falta de entendimiento o expresión de una lengua.
	  - Uso incorrecto de los diferentes registros lingüísticos.
		- Proceden de la relación entre dos personas, que influyen en la comunicación mutua. Pueden ser prejuicios con relación a la edad, religión, sexo o raza.

Para lograr una buena comunicación no verbal, sin malos entendidos, hay que tener en cuenta los siguientes puntos en nuestras conversaciones:

- Mirar a los ojos al interlocutor.
- Estudiar sus gestos, expresiones faciales y lenguaje corporal.
- Escuchar con atención el tono de voz que nos transmiten.

NOTA

Al prestar atención a estas premisas, podremos conocer mejor la posición del cliente y adaptar la conversación según convenga.

A continuación, se explicarán cuáles son las consideraciones a tener en cuenta para superar estas barreras comunicativas.

4.1. Notas generales que ayudan a superar las barreras: calidad de la conversación

Para comunicarse bien, es preciso proponerse mejorar la calidad de la conversación.

Para conseguirlo, se deben tener en cuenta los siguientes aspectos:

- Hay que prestar atención al vocabulario: un **vocabulario rico** suele corresponder a una interioridad rica. También hay que aprender a manejar el **registro adecuado** a cada ocasión.
- La **cordialidad** es otro rasgo que facilita la conversación. Hay que buscar ese punto de equilibrio que lleva a hablar con sencillez, sin afectación, refiriéndose poco a uno mismo, siendo buen escuchador, buen razonador y poco discutidor.
- Debemos evitar ser personas susceptibles pero también de esas que tienen poco tacto o **sensibilidad,** ni cansar al otro saltando de un tema a otro sin dejarle hablar, ni llenar con nuestro tono de voz más alto todo el espacio en el que nos encontremos.
- Debemos **evitar la conversación confusa** o prolija, o demasiado lenta y premiosa.

En definitiva, no debemos caer en ninguno de los malos hábitos que hacen insoportable una conversación.

APLICACIÓN PRÁCTICA

¿Debemos emplear el mismo registro lingüístico con un cliente mayor y culto que con un chaval de dieciséis años? ¿Puede constituir una barrera emplear con el cliente joven el mismo registro que empleamos con el mayor?

Solución

No es aconsejable usar el mismo registro con uno que con otro, pues cada cual tiene peculiaridades en su manera de expresión y entendimiento. Si hablamos al cliente joven igual que al mayor y culto puede que el primero no nos entienda y no lleguemos a conectar con él de manera adecuada, de forma que el empleo de un registro inadecuado puede llegar a constituir una barrera para la comunicación.

¿Cómo podemos solucionar en la medida de lo posible estos problemas?

Para que un mensaje sea eficaz, debe cumplir los siguientes requisitos:

Claridad
- Los mensajes deben ser claros y comprensibles.

Precisión
- La información transmitida tiene que ser completa y precisa, de forma que no dé lugar a desconfianza o sospecha.

Objetividad y veracidad
- La información debe ser verdadera, auténtica, imparcial y objetiva.

Oportuno
- El mensaje ha de emitirse en el momento en que es útil y necesario.

Interesante
- El mensaje ha de captar la atención del receptor y crearle una reacción positiva.

5. Expresión verbal

☞ HILO CONDUCTOR

Todos los empleados de LIMPISA conocen la importancia que tiene brindar un trato adecuado al cliente, ya que este trato conformará la imagen que la empresa transmite a sus clientes.

Uno de los aspectos que se deben tener en cuenta a la hora de tratar con los clientes es la expresión verbal, sobre todo en los departamentos de atención al cliente y *telemarketing*, que por sus características no pueden reforzar los mensajes con la comunicación no verbal.

Cuando se emplee la expresión verbal o, lo que es lo mismo, cuando nos comuniquemos a través del lenguaje verbal, habrán de tenerse en cuenta una serie de aspectos que facilitarán la comunicación; estos son los siguientes:

Adecuación al público
- Siempre hay que considerar las peculiaridades del público al que nos dirigimos, su nivel cultural, la relación que nos vincula con ellos y el contexto.

Extranjerismos, acrónimos y muletillas
- En el caso de utilizar extranjerismos, abreviaturas o acrónimos, hay que tener la seguridad de que el público sabe lo que significan. Si no fuera así, resulta imprescindible explicarlo.
- Por otro lado, hay que huir del uso de las muletillas que muchas veces intercalamos en el discurso sin darnos cuenta.

Sencillez
- El discurso oral debe caracterizarse por su sencillez, pues las palabras habladas tienen un carácter fugaz. Una vez dichas y escuchadas no se vuelve a ellas, por lo que debemos esforzarnos por crear discursos orales sencillos, fáciles de entender.
- Todo lo contrario sucede en los textos escritos, en los que el lector puede volver sobre cualquier pasaje que no haya entendido y reflexionar sobre él.
- El lenguaje debe ser preciso y directo, con frases sencillas y cortas, utilizando siempre tiempos verbales simples.

DEFINICIÓN

Abreviatura

Consiste en la reducción de una palabra mediante la supresión de letras finales o centrales, y que, por lo general, finaliza con un punto. Por ejemplo: Atte. (por "atentamente"), Sr. (por "señor"), Dra. (por "doctora").

Acrónimo

Según el DRAE es un "tipo de sigla que se pronuncia como una palabra. Por ej. OVNI: (objeto volador no identificado)."

Tras conocer cuáles son las consideraciones a tener en cuenta en la expresión verbal, se presentarán las variables que influyen en la calidad de esta información.

5.1. Calidad de la información

La calidad de la información se refiere, fundamentalmente al **grado de fiabilidad que se le puede conferir,** también hace referencia a aspectos como la facilidad de comprensión de su contenido y a la correcta presentación de datos.

A continuación, se pueden identificar las **variables** que determinan la calidad de la información.

- **Exactitud:** refleja el grado de exactitud de los datos que se obtienen. Toda información manejada por una organización debe ser lo más exacta posible.
- **Veracidad:** los datos aportados deben guardar una estrecha vinculación de conformidad con la realidad.
- **Totalidad:** hace referencia al total de datos que se han tenido en cuenta para elaborar la información.
- **Oportunidad:** la información debe estar disponible en el momento en el que esta se requiera para cualquier cuestión.
- **Relevancia:** la información relevante es toda aquella que nos sirva de utilidad.

⮕ **Nivel de detalle:** es el grado de profundización requerido en la información. En ocasiones, para que la información tenga valor y sea de calidad es necesario que profundice en determinados aspectos.

⮕ **Consistencia:** la información debe estar contrastada.

Una vez conoces las características que se deben considerar en la expresión verbal, se exponen las diferentes formas de presentar y expresar la información elaborada.

5.2. Formas de presentación

A la hora de contactar con nuevos clientes o proveedores, e incluso exponer a terceros los beneficios y particularidades de los productos de una organización surgen las **presentaciones.** Es importante causar una buena primera impresión, por lo que no se debe descuidar la forma de realizarlas.

A continuación, vamos a tratar dos formas de presentación:

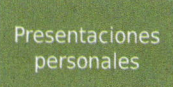

| Presentaciones personales | Presentaciones de productos |

Presentaciones personales

Cualquier tipo de relación social que establezcamos en nuestra labor cotidiana implica relacionarnos con personas que en un principio no conocemos. Para iniciar el trato con estas personas desconocidas hay que realizar, en primer lugar, las presentaciones; de esta forma conseguiremos que se normalice la relación.

A la hora de **realizar las presentaciones,** es necesario tener en cuenta el protocolo a seguir para que esta finalice con éxito:

⮕ En el caso de ser intermediarios en una presentación, se presenta en primer lugar a la persona más joven.

⮕ En el caso de que no haya un intermediario en la presentación, será la mujer quien dirija el primer saludo al hombre.

⊃ Si nos encontramos a un conocido que va acompañado de personas que no conoces, en primer lugar debes saludar a la persona conocida y posteriormente a sus acompañantes.

Cuando **nos presentamos nosotros mismos a otra persona,** podemos emplear distintas fórmulas, aunque lo más habitual es seguir un procedimiento establecido.

Para ello, se seguirán las siguientes fases:

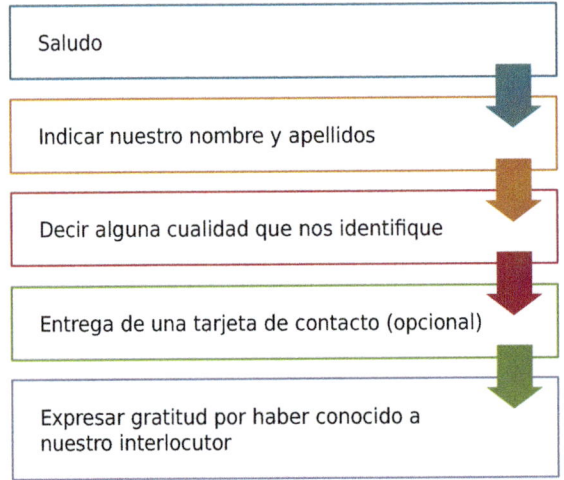

Saludo

Indicar nuestro nombre y apellidos

Decir alguna cualidad que nos identifique

Entrega de una tarjeta de contacto (opcional)

Expresar gratitud por haber conocido a nuestro interlocutor

IMPORTANTE

No se debe tutear nunca a la persona que acabamos de conocer hasta que esta no lo pida. Este aspecto resulta especialmente importante en la atención al cliente, ya que produciría una mala impresión tomar confianza antes de lo conveniente.

Presentaciones de productos

A continuación, se explican los pasos a seguir para presentar productos o servicios. Para ilustrar mejor el proceso se utilizarán ejemplos en cada paso, centrados en un producto que se ha de presentar: un nuevo robot de cocina llamado Casermax.

1ª Presentación del producto

Hay que comenzar presentando el producto, teniendo en cuenta si es o no conocido.

 **EJEMPLO**

Si una clienta nos pregunta por el producto porque está interesada pero no lo conoce de nada, le diremos algo así: "Es Casermax, el nuevo robot de cocina, de fabricación alemana, que ha obtenido muy buenos resultados en todos los países en los que ya se ha comercializado, como en Alemania, Francia, Suiza, etc.".

2ª Características del producto

Postoriormente, se mostrarán todas las facetas del producto, es decir, todas sus funciones.

 **EJEMPLO**

"El Robot de cocina Casermax puede cocinar más de 1.000 recetas. Incluye recetas especiales para celíacos y diabéticos. Resulta bastante fácil manejar este robot, es una de sus principales características: solamente con poner el código de barras de la receta deseada delante de su escáner y quedará automáticamente programada".

- "El robot de Casermax hace guisos caseros".
- "El robot de Casermax asa igual que su horno".
- "El robot de cocina Casermax cocina al vapor".
- "El robot de cocina Casermax cocina a la sal".
- "El robot de cocina Casermax amasa y hornea bollería, pastelería, pan, etc.".
- "El robot de cocina Casermax puede cocinar para 10 personas".
- Etc.

3ª Descripción del producto o servicio

El vocabulario empleado debe ser sencillo y asequible al cliente, dejando aparte tecnicismos. Se trata de que el cliente lo entienda todo.

 EJEMPLO

"Casermax está compuesto por el cuerpo del robot, el recipiente de comida, el dispensador de ingredientes, etc.". Todo conforme se señalan las partes del producto.

4ª Descripción detallada

Se ha de hacer una descripción detallada del producto, preferiblemente con ayuda de diagramas, diapositivas o vídeos.

 EJEMPLO

En este catálogo puede ver de forma más detallada todas las piezas que componen el robot y cómo funciona.

5ª Ventajas competitivas

Se ha de distinguir el producto de la competencia, explicando las ventajas que ofrece con respecto a ella.

 EJEMPLO

Lo que hace diferente a Casermax del resto de robots de cocina es la gran variedad de funciones que realiza (asa, guisa, tritura, etc.), la facilidad de uso gracias al lector de códigos de barras de recetas, código braille, etc.

6ª Prueba del producto

Si es posible, dejaremos a los clientes que prueben el uso del producto o servicio, o que lo degusten.

 **EJEMPLO**

"Compruebe usted mismo lo fácil que es programar la comida". Y dejamos que nuestro cliente pase los códigos de barras por el lector del robot.

7ª Anécdota

En la medida de lo posible se debe comentar alguna anécdota del producto. Estos detalles se quedan grabados en la mente del consumidor, si resultan divertidas los clientes las transmitirán mediante el boca a boca, y servirán para publicitar el producto.

 **EJEMPLO**

"Sí, un dato bastante curioso es que el actor X, durante el rodaje del anuncio del robot Casermax...".

5.3. Expresión oral: dicción y entonación

Al hablar es igual de importante el "qué se dice" que el "cómo se dice". No es lo mismo recibir a un cliente con un "Buenos días. ¿En qué puedo ayudarle?" con un tono de voz triste, pausado y con mala pronunciación, que decir lo mismo pero con un tono de voz optimista, dispuesto y con buena vocalización.

Habitualmente, vinculamos la **entonación** con el lenguaje oral, ya sea con la expresión oral o con la comprensión auditiva.

DEFINICIÓN

Entonación

Es la modulación de la voz, las inflexiones producidas en la misma que acompañan a la cadena de sonidos del habla.

La **entonación** no es solamente un fenómeno que acompaña al habla, que lo adorna. Todo lo contrario, la entonación es **intrínseca al habla.** De este modo, el significado de cualquier frase que pronunciemos será la suma de las palabras pronunciadas y de la entonación empleada.

La entonación es sincera y difícil de simular, puesto que resulta directamente de la naturalidad del hablante y no suele pasar por el filtro de su raciocinio. Es más fácil pensar las palabras que se van a decir que la entonación que se va a emplear.

Por ello, en atención al cliente se debe ser muy consciente de la importancia de la entonación en la comunicación. Es por esto que hay que aprender a controlarla y a manejarla adecuadamente, adaptándola a la situación.

IMPORTANTE

No podemos permitir que ningún estado de ánimo negativo se transmita en nuestra entonación, pues el cliente lo captará instantáneamente.

La **dicción** es básicamente la **pronunciación de las palabras.** Una buena dicción implica que nuestros interlocutores nos oigan bien y que puedan distinguir todo lo que decimos.

En atención al cliente es indispensable hacerse entender bien. Sin este punto de partida no se puede construir lo siguiente.

6. Comunicación no verbal

☞ HILO CONDUCTOR

Para mejorar las ventas, Francisco, jefe de atención al cliente en el grupo LIMPI-SA, ha decidido impartir un seminario a los comerciales del grupo empresarial sobre comunicación no verbal.

De esta forma, los vendedores podrán interpretar mejor la información que muestra el cliente, permitiendo adaptar su discurso para lograr cerrar las ventas.

Se trata de la comunicación mediante **signos, gestos, posturas y posiciones** en lugar de palabras. Es concebida como un sistema de señales emocionales, que no pueden separarse de la comunicación verbal.

La comunicación no verbal es muy difícil de ocultar puesto que, si bien podemos decidir no hablar, resulta prácticamente imposible no enviar mensajes a través del rostro o del cuerpo.

👁 EJEMPLO

Podemos decir mediante palabras: "No estoy triste". Sin embargo, si es verdad que estamos tristes, nuestro semblante (comunicación no verbal), lo revelará.

Este intercambio de información y significados mediante las expresiones faciales, los gestos, los movimientos del cuerpo y la imagen psicosocial tiene diferentes **funciones:**

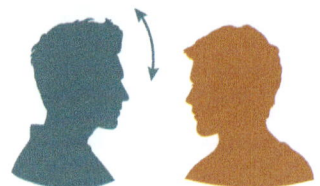

Repetir

- Los gestos repiten el significado de palabras o mensajes.
- Ejemplo: un cliente dice que "sí", se llevará la lavadora mientras mueve la cabeza con un gesto de afirmación.

Reforzar

- En estos casos los gestos enfatizan la expresión oral.
- Ejemplo: decimos "aquí tiene la garantía de su secadora" y a la vez señalamos con la mano el documento.

Sustituir

- Son gestos que pueden reemplazar palabras u oraciones.
- Ejemplo: en lugar de decir "cállate" nos llevamos el dedo a los labios.

Contradecir

- Se trata de gestos que contradicen el texto.
- Ejemplo: una persona está llorando y dice: "estoy bien".

Regular o controlar

- Gestos que limitan nuestro comportamiento.
- Ejemplo: en una conversación, las miradas, asentimientos, gestos, etc., que establecen los turnos de palabra, pueden mantener la conversación, interrumpirla, etc.

 SABÍAS QUE...

El cuerpo humano emite unas 80.000 señales diferentes con gran valor comunicativo.

Existen tres ámbitos de estudio de la comunicación; estos son los siguientes:

➲ **Kinesia:** se ocupa de la comunicación no verbal expresada a través de los movimientos del cuerpo.
➲ **Paralingüística:** estudia el comportamiento no verbal expresado en la voz.
➲ **Proxémica:** se encarga de estudiar el comportamiento no verbal relacionado con el espacio personal.

6.1. La kinesia. Comunicación corporal

La kinesia comprende el estudio de la expresión de los **mensajes corporales no verbales,** concretamente de la postura corporal, los gestos, la expresión facial, la mirada y la sonrisa.

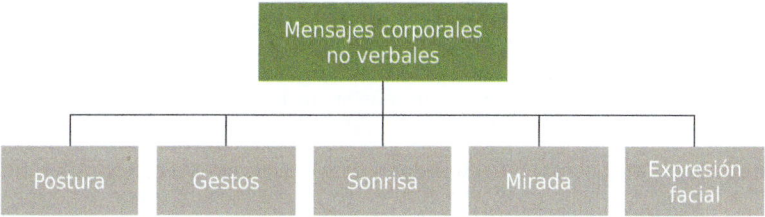

A continuación, se explican cada uno de estos aspectos.

Postura

La postura hace referencia a la **posición del cuerpo o de sus partes** en relación con un sistema de referencia. En relación a la postura corporal se estudia:

➲ **Posición corporal:** se define por la posición del cuerpo a aceptar a otros en la interacción, así se habla de posturas más abiertas o más cerradas. Por ejemplo, sería una posición cerrada cruzarse de brazos.
➲ **La orientación:** es el ángulo con el que el cuerpo está orientado a los demás. Cuanto más enfrente se sitúa una persona hacia los demás, mayor será el nivel de implicación.
➲ **El movimiento del cuerpo:** no deben ser excesivos ni estereotipados, el movimiento puede transmitir energía y dinamismo durante la interacción, o bien significar nerviosismo o inquietud.

Los gestos

Los gestos son **envíos de estímulos visuales a un observador.** Son movimientos del rostro y de las manos con los que expresamos estados de ánimo y reforzamos la comunicación.

Emblemáticos o emblemas	Ilustrativos o ilustradores	Sustitutorios
Son señales emitidas intencionalmente. Su significado es específico y muy claro, ya que el gesto representa una palabra o conjunto de palabras bien conocidas. Ejemplo: agitar la mano en señal de despedida o sacar el pulgar hacia arriba indicando OK.	Se producen durante la comunicación verbal. Sirven para ilustrar lo que se está diciendo. Son gestos unidos al lenguaje pero, a diferencia de los emblemas, no tienen un significado directamente traducible. Ejemplo: señalar con el dedo.	Son gestos que pueden reemplazar palabras u oraciones. Ejemplo: en lugar de decir "cállate" nos llevamos el dedo a los labios.
Emotivos o patógrafos	**Controladores de la interacción**	**De adaptación o adaptadores**
Este tipo de gesto cumple un papel similar a los ilustradores y por ello se pueden confundir. Es similar en el sentido de que también acompañan a la palabra, y le confieren un mayor dinamismo. Pero difieren en que este tipo de gestos reflejan el estado emotivo de la persona, mientras que el ilustrador es emocionalmente neutro. Ejemplo: a través de este tipo de gestos se expresan la ansiedad o tensión del momento, muecas de dolor, triunfo y alegría, etc.	Son movimientos que tienen la finalidad de regular las intervenciones en la interacción. Son signos para tomar el relevo en la conversación, tienen también un importante papel al inicio o finalización de la interacción. Ejemplo: darse la mano en el saludo o la despedida. Pueden ser utilizados para frenar o acelerar al interlocutor, indicar que debe continuar o darle a entender que debe ceder su turno de palabra.	Son gestos utilizados para controlar emociones que no queremos expresar. Se utilizan cuando nuestro estado de ánimo es incompatible con la situación, de modo que se produce una situación incómoda, que necesitamos controlar, y es cuando aparece el gesto como una forma de adaptarnos a esa situación. Ejemplo: pasarse los dedos por el cuello de la camisa cuando nos sentimos ahogados por la tensión de la situación, o frotarnos las manos si estamos nerviosos.

Sonrisa

La sonrisa debe ser amplia. No es nada aconsejable que vaya acompañada de una carcajada, sería excesivo.

Es necesario cuidar el entorno de la boca: si está hacia arriba se interpreta como un signo de agrado; por el contrario, si está hacia abajo, significa todo lo contrario.

Mirada

La mirada es uno de los elementos no verbales de mayor importancia. Los principales aspectos de la mirada que deben tenerse en cuenta en la comunicación no verbal son:

- **Contacto visual:** se refiere a la mirada que una persona dirige a la mirada de otra. Aquí se estudian dos aspectos: la frecuencia con la que miramos al otro y el mantenimiento del contacto ocular. El *feedback* es muy importante cuando dos personas hablan entre sí. Los que hablan necesitan tener la seguridad de que alguien los escucha, y los que escuchan necesitan sentir que su atención es tenida en cuenta y que el que habla se dirige directamente a ellos. Ambos requisitos se cumplen con un adecuado uso del contacto ocular. Por otra parte, la disposición de una persona a brindar oportunidades de contacto ocular suele revelar sus actitudes con respecto a ella.
- **Duración e intensidad de la mirada:** debemos evitar las miradas a los ojos de larga duración o intensas, ya que pueden originar una mala interpretación por parte del cliente.
- **Mirada huidiza:** existen personas que, por diversos motivos, principalmente la timidez, huyen del contacto visual, lo cual es rápidamente perceptible. En estos casos resulta conveniente recurrir a apoyos visuales, como, por ejemplo, los catálogos, productos expuestos, muestras, etc., para que el cliente pueda mantener su mirada en un punto.
- **Gafas de sol:** el uso de las gafas de sol no es nada recomendable para tratar con nuestro cliente, pues imposibilitan el contacto visual.
- **Dilatación de las pupilas:** al recibir la persona un estímulo que le provoca interés, sus pupilas se dilatan y viceversa.

Expresión facial

La expresión facial es el medio más rico e importante para expresar emociones y estados de ánimo, junto con la mirada.

La expresión de la cara puede indicar cuál es la actitud que se tiene hacia nuestros interlocutores: si les entendemos, si estamos de acuerdo con ellos, si nos simpatizan, si nos caen mal.

6.2. Aspectos paralingüísticos

Con el **paralenguaje** se informa sobre el estado de ánimo o las intenciones de la persona que habla. El verdadero significado de los mensajes está, no en el contenido, sino en la codificación que se haga de ellos.

Entre los aspectos paralingüísticos más importantes se destacan los siguientes:

➲ **El volumen de voz:** habrá que acomodar el volumen a las circunstancias y a las interferencias que existan en el medio:

○ Cuando se inicia una conversación en un estado de tensión, se habla en un volumen inapropiado.
○ Cuando la voz surge en un volumen elevado, suele ser síntoma de que el interlocutor quiere imponerse en la conversación.
○ El volumen bajo se asocia con las personas introvertidas.

➲ **El tono:** es un reflejo emocional, establece matices en la comunicación. Mediante la entonación podemos distinguir cuando se hace una pregunta, cuando se habla con ironía, cuando estamos excitados, nerviosos, enfadados, etc.
➲ **La fluidez:** indica la seguridad en uno mismo. El mensaje que se transmite debe ser fluido y contener el menor número posible de perturbaciones, ya que un exceso de estas indica inseguridad, nerviosismo o poco interés.
➲ **La claridad:** hace referencia a la vocalización al hablar. Es un aspecto muy importante, pues de esto depende que el mensaje sea entendido por el receptor. Para vocalizar bien hay que:

○ Abrir bien la boca, marcando bien las palabras.
○ Cuidar la correcta pronunciación.
○ Separar cada palabra de las demás.
○ Pronunciar la palabra entera.

➲ **La velocidad:** el habla lenta puede indicarnos tristeza o aburrimiento, mientras que el habla rápida puede indicar ansiedad, nerviosismo, etc.

➲ **Perturbaciones de la voz:** son las muletillas, las vacilaciones, las pausas y los silencios más utilizados. Hay que intentar que aparezcan el menor número de veces en las interacciones.

6.3. La proxémica

La proxémica es el conjunto de comportamientos no verbales relacionados con la utilización y estructuración del espacio inmediato de la persona, es decir, las distancias que asumimos en determinadas situaciones comunicativas.

Según la distancia que se mantenga, Hall (1986) estableció una caracterización en el manejo del espacio personal del ser humano en cuatro niveles. Hall llegó a la conclusión de que la distancia social de la gente está generalmente correlacionada con la distancia física, y describía **cuatro tipos de distancia;** estos son los siguientes:

Distancia íntima
- Es la más guardada por cada persona. Para que se dé esta cercanía, las personas han de tener mucha confianza y, en la mayoría de los casos, estar emocionalmente unidos. Nos referimos a parejas, padres, hijos, amigos íntimos, etc. Se sitúa entre el contacto directo y los 0,46 m.

Distancia personal
- Es la distancia que a cada persona le gusta mantener con los demás. Se mantiene en situaciones tales como reuniones sociales, en el lugar de trabajo, etc. Se sitúa entre los 46 y 120 cm.

Distancia social
- Se utiliza con aquellas personas con las que no tenemos ninguna relación amistosa, la gente que no se conoce bien. Se sitúa entre los 120 y 360 cm.

Distancia pública
- Es la distancia que se utiliza para dirigirse a un grupo de personas que no necesariamente son conocidas. Por ejemplo, en conferencias, charlas, etc. Se sitúa a más de 360 cm.

Otro de los estudios realizados por Hall, reveló que diferentes culturas mantienen diferentes estándares de espacio personal.

De cualquier modo, identificar y tener en cuenta estas diferencias culturales mejora el entendimiento con nuestros clientes, sea cual sea su nacionalidad, y ayuda a eliminar la incomodidad que la gente puede sentir si siente que la distancia interpersonal es muy grande o muy pequeña.

NOTA

En las culturas latinas, esas distancias relativas son más pequeñas, y la gente tiende a estar más cómoda cerca de los demás. En las culturas nórdicas, es lo contrario.

Interpretación de la distancia en las relaciones personales

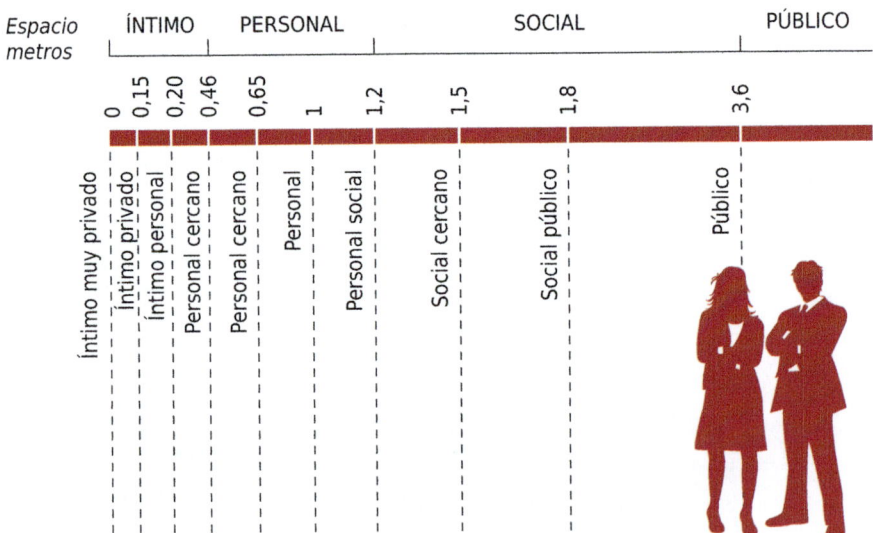

Pero no solo se comunica verbalmente a través de la kinesia, paralingüística y la proxémica, a continuación se presenta otra forma de comunicar, mediante la indumentaria o forma de vestir.

6.4. Indumentaria

También se transmite y se comunica a través de la manera de vestir. La norma básica al respecto es que nunca se debe llamar más la atención que el producto que intentamos vender.

En general, suele optarse por ropa de tipo "neutro", ni demasiado clásica ni demasiado moderna, y con colores que no llamen mucho la atención. Igualmente, tampoco deben llevarse excesivos adornos y, en el caso de las mujeres, no excederse con los cosméticos. La imagen vende, pero no se debe vender solo la imagen.

En atención al cliente, siempre hay que proyectar una imagen de pulcritud, limpieza y orden, evitando el exceso de complementos, peinados exagerados, etc., excepto en los casos que el cliente se identifique con ello. El empleo y la combinación correcta de los colores también influyen y ayudan a proyectar la imagen deseada.

La forma de vestir nunca debe llamar la atención más que el producto que intentamos vender.

Ante todo, **la imagen ha de adaptarse a los clientes,** a sus gustos, preferencias de imagen, actitudes y estatus. La imagen es una gran vía de comunicación, especialmente en los primeros contactos, por lo cual el cliente ha de identificarse con la nuestra, fomentándose así la empatía necesaria para el correcto desarrollo de la comunicación.

La indumentaria siempre debe ser acorde al tipo de venta que se pretenda realizar. Muchas empresas dictan normas específicas sobre la vestimenta de sus empleados, de esta forma se pretende subrayar la identidad corporativa.

ACTIVIDAD COMPLEMENTARIA

6. Imagina que formas parte del proceso de selección para un puesto de gerente en una empresa dedicada al ocio rural y determina cuál sería la indumentaria que llevarías a la entrevista de trabajo.

TAREA 11

Andrés es un comercial con muchos años de experiencia que acaba de ser ascendido para ocupar el puesto de jefe del departamento de ventas. Para formar a los comerciales quiere dar una charla en la que se hable de los errores más comunes en los que incurren los vendedores.

Redacta una guía que sirva a Andrés para explicar cuáles son los errores más comunes que se dan en la comunicación no verbal.

7. Empatía, asertividad y escucha activa: principios básicos

☞ HILO CONDUCTOR

Linda se encuentra en el proceso de selección de personal para una vacante en el departamento de atención al cliente del grupo LIMPISA. El responsable de recursos humanos necesita comprobar cuáles son sus aptitudes para trabajar en ese departamento.

¿Cómo influirá la empatía, la asertividad y la escucha activa en la atención al cliente?

Tanto en la vida social, en general, como en la relación con el cliente que se establece en el sector de atención al cliente, estas habilidades utilizadas correctamente suministrarán el avance de las relaciones, convirtiéndose en algo así como nuestra **conciencia social,** ya que situarse en el lugar de la otra persona ayuda a comprender lo que esta siente en este momento y a expresarnos de un modo adecuado.

Las personas que se dedican a atender al cliente deben haber desarrollado estas cualidades, sin ellas es totalmente imposible desarrollar este trabajo eficientemente.

La **empatía** y la **asertividad** son habilidades sociales íntimamente relacionadas, y a la vez se complementan:

Persona asertiva
- Manifiesta sus opiniones y sentimientos sin restricciones, estén errados o no, permitiendo a otra persona opinar sobre ellos.

Persona empática
- Deja que los demás expresen sus sentimientos y opiniones, ofreciéndoles la posibilidad de hablar sobre ellos.

Cuando eres asertivo defiendes tus convicciones. Cuando eres empático entiendes las convicciones de los seres humanos.

Otra de las habilidades con las que deben contar los empleados de atención al cliente es **saber escuchar,** esta habilidad permitirá a los empleados oír y comprender las necesidades de los clientes.

A continuación, se profundiza en la definición de estos conceptos.

7.1. Empatía

La empatía es la capacidad de entender los pensamientos y emociones ajenas, de ponerse en el lugar de los demás y compartir sus sentimientos.

Podemos describir como persona empática a aquella que es hábil interpretando las situaciones conforme se van produciendo, gracias a su destreza en analizar las señales, ajustándose al entorno según requiera la situación.

Los **rasgos** que definen a una persona empática son los siguientes:

- ⊃ Se ajusta a las situaciones.
- ⊃ Sabe escuchar pero, mejor aún, sabe cuándo hablar.
- ⊃ Influencia y regula las emociones del otro.
- ⊃ Escucha con atención y está dispuesta a discutir los problemas.
- ⊃ Es abierta y flexible a las ideas.
- ⊃ Apoya y ayuda.
- ⊃ Es solidaria.
- ⊃ Recuerda los problemas y les da solución.
- ⊃ Propicia el trabajo en equipo.
- ⊃ Alienta la participación y la cooperación.
- ⊃ Orienta y enseña.
- ⊃ No se impone a la fuerza.
- ⊃ Confía en el grupo y en los individuos.
- ⊃ Estimula las decisiones de grupo.
- ⊃ Se comunica abiertamente.
- ⊃ Demuestra capacidad de autocrítica.

 SABÍAS QUE...

Mahatma Gandhi sostenía lo siguiente: "Las tres cuartas partes de las miserias y malos entendidos en el mundo terminarían si las personas se pusieran en los zapatos de sus adversarios y entendieran su punto de vista".

La principal **barrera** para desarrollar la empatía es estar excesivamente pendientes de uno mismo. Esto conlleva dificultades para pensar como los demás y ponerse en su lugar.

Los factores que impiden el desarrollo de la empatía de un individuo son:

- ⊃ Juzgar y emplear frases desmotivadoras.
- ⊃ Dar la razón y seguir la corriente.
- ⊃ Restar importancia a las preocupaciones del interlocutor o ridiculizar sus sentimientos.

Por tanto, hay que considerar estas actuaciones y hacer todo lo posible por potenciar y desarrollar las habilidades empáticas.

En atención al cliente hay que desarrollar esta capacidad al máximo, pues reviste gran importancia para comprender al cliente. Para ello, hay que:

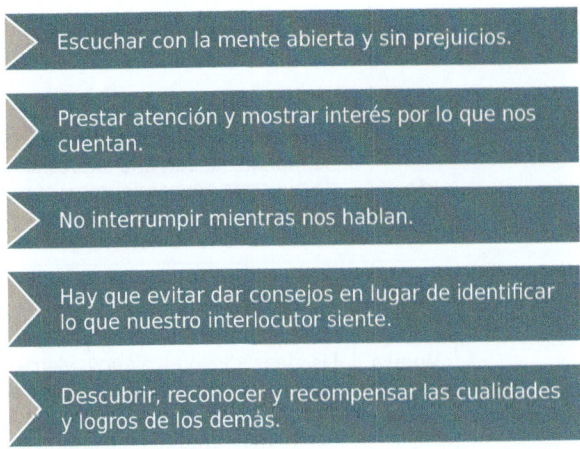

Escuchar con la mente abierta y sin prejuicios.

Prestar atención y mostrar interés por lo que nos cuentan.

No interrumpir mientras nos hablan.

Hay que evitar dar consejos en lugar de identificar lo que nuestro interlocutor siente.

Descubrir, reconocer y recompensar las cualidades y logros de los demás.

¿Cómo expresar la empatía?

La empatía se puede expresar de distintas maneras, teniendo en cuenta diversos aspectos:

- **Ser tolerante:** la tolerancia es otro de los pilares sobre los que se canaliza la empatía.
- **Ser respetuoso:** hay que ser respetuoso con los pensamientos y sentimientos del interlocutor.
- **Opinar constructivamente:** dependiendo del caso, puede ser interesante aportar nuestra opinión, haciéndolo siempre de manera constructiva.
- **Preguntar:** las preguntas abiertas ayudan a continuar la conversación y hacen ver a la otra persona que estamos interesados en lo que nos están contando.
- **Mostrar comprensión:** a veces nuestros clientes no necesitan una opinión o consejo, simplemente quieren saber que lo entendemos.
- **Avanzar lentamente:** cuando se avanza lentamente en el diálogo, dejamos que nuestros pensamientos y sentimientos vayan al unísono y, al mismo tiempo, nos permite asimilar y reflexionar sobre el tema.

7.2. Asertividad

Aprovechar la asertividad es saber pedir, saber negarse, negociar y ser flexible para poder conseguir lo que se quiere, respetando los derechos del otro y expresando nuestros sentimientos de forma clara.

La asertividad es una estrategia de **comunicación de doble sentido**:

COMUNICACIÓN ASERTIVA	**Ida**	El primer tramo va desde nosotros hacia los demás. Se manifiesta con una expresión abierta y honesta de nuestros pensamientos y sentimientos, y defendiendo los propios valores y derechos, controlando las emociones, sin ansiedad.
	Vuelta	El segundo tramo viene desde los demás hacia nosotros. Manifestamos tolerancia y respeto por las ideas y valores ajenos, ejerciendo la escucha activa y una actitud de adaptación y comprensión. Se relaciona con la empatía, que hemos tratado en el punto anterior.

Un elemento básico de la asertividad radica en **lanzarse y atreverse**.

La asertividad no es una cualidad innata, sino que es una **habilidad social que se va desarrollando.** Los rasgos que definen a una persona asertiva son los siguientes:

- ⮞ Es expresiva, espontánea y segura. Tiene una personalidad activa, defiende sus propios derechos. No presenta temores en su comportamiento.
- ⮞ Habilidad para la comunicación positiva desde la afectividad.
- ⮞ Posee habilidad para una comunicación positiva, adecuada, abierta, franca y afectiva.
- ⮞ Comportamiento respetable.
- ⮞ Acepta sus limitaciones.
- ⮞ Se comunica fácilmente con toda clase de personas.
- ⮞ Encuentra el momento adecuado para decir las cosas.
- ⮞ Estabilidad y autocontrol emocional.
- ⮞ Las personas asertivas también son empáticas. Se trata, como hemos explicado, de dos cualidades que van de la mano.
- ⮞ Capacidad para juzgar con objetividad e imparcialidad.
- ⮞ Son flexibles y logran adaptarse al entorno.

Los comportamientos extremos que se alejan de la **asertividad** son la **pasividad** y la **agresividad.**

Comportamiento

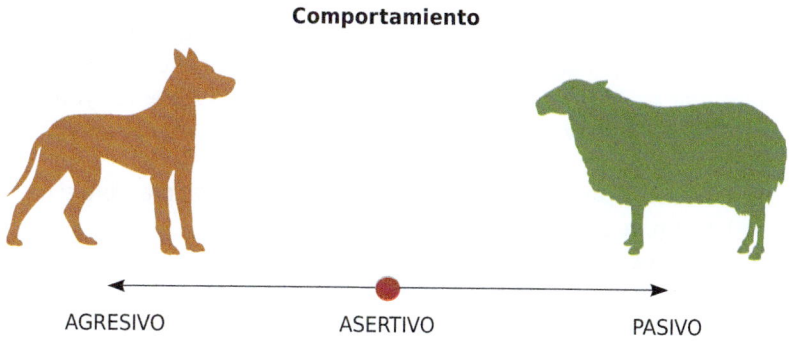

AGRESIVO   ASERTIVO   PASIVO

Cada uno de estos comportamientos se caracteriza por diferentes **conductas verbales:**

- **Conducta asertiva:** se expresan correctamente los deseos, derechos, sentimientos y opiniones sin llegar a violentar al interlocutor:

  - Actúa con naturalidad, escucha atentamente.
  - Mirada franca hacia los ojos del interlocutor, ojos expresivos.
  - Postura y movimientos relajados y naturales.

- **Conducta pasiva:** el individuo es incapaz de enunciar claramente los sentimientos, pensamientos y opiniones.

  - Actúa con la esperanza de que los demás adivinen sus deseos, apariencia insegura.
  - Voz débil, temblorosa, de volumen bajo.
  - Evita el contacto visual, ojos caídos y llorosos.

- **Conducta agresiva:** defensa de derechos personales y expresión de los pensamientos, sentimientos y opiniones de forma inadecuada:

  - Exagera para demostrar su superioridad.
  - Voz autoritaria, grita con frecuencia.
  - Postura rígida, soberbia y desafiante.

👁 EJEMPLO

Javier, un dependiente de un almacén de recambios para automóviles delega constantemente su trabajo a Pedro, su compañero. Pedro decide terminar con esta situación. Puede crear la situación preguntándole qué tal lleva su trabajo o esperar a que Javier la cree cuando le pida otra vez que le ayude haciéndole algo. Las alternativas podrían ser:

- **Conducta pasiva:** "Javi, estoy bastante ocupado ahora. Pero si no consigues hacerlo, te puedo ayudar".
- **Conducta agresiva:** "¿Qué te has creído, Javi? ¿Piensas que soy tu criado? Tienes muy poca consideración".
- **Conducta asertiva:** "Javi, has tomado por costumbre que te ayude con las tareas que te asignan, porque no te da tiempo o porque no sabes hacerlo. Esta situación me está cansando porque tengo doble trabajo: el mío y parte del tuyo, así que trata de hacerlo por ti mismo, seguro que así te costará menos la próxima vez".

A continuación, se profundizará en las fases necesarias para desarrollar un comportamiento asertivo y técnicas para ponerlo en práctica.

Fases para desarrollar un comportamiento asertivo

El comportamiento asertivo resulta de vital importancia en las situaciones de atención al cliente, reparaciones, financiación, etc. Nace de forma natural; sin embargo, este comportamiento también se puede preparar cuando nos estamos entrenando en él o para determinadas ocasiones importantes, como la negociación.

El desarrollo del comportamiento asertivo comprende varias **fases,** que se aprecian en el siguiente esquema:

A continuación, se describen las consideraciones a tener en cuenta en cada una de las fases:

➲ **Fases de preparación personal:** se deben tener muy claros los objetivos que perseguimos en el encuentro, qué es lo que nos motiva en la negociación. Debemos pensar en cómo crear la oportunidad de la negociación.

➲ **Preparación del diálogo:** debemos pensar qué vamos a decir a nuestro interlocutor.

➲ **Describir los hechos:** cuando discutimos los hechos que han sucedido, nuestro interlocutor no puede negarlos y así podemos partir de ellos para discutir y hacer los planteamientos precisos.

➲ **Manifestar sentimientos y pensamientos:** se trata de expresar de forma clara el sentimiento o pensamiento que nos produce lo acontecido.

➲ **Pedir concretamente lo que se quiere:** no se trata de hablar de forma genérica, hay que ser concreto.

➲ **Especificar las consecuencias:** aquí se especifica lo que sucederá cuando se haga lo que hemos pedido o, por el contrario, lo que pasará si no se hace lo que hemos pedido.

➲ **Ensayo:** todo lo que se ha preparado anteriormente, tanto de forma oral como por escrito, ha de ser ensayado. Se ensayará más cuanto más complicada y compleja sea la situación.

➲ **Ejecución:** en la fase de ejecución hay que tener en cuenta algunas técnicas básicas que nos permiten llevar a cabo lo que hemos preparado. No hay que olvidar nunca que nuestros objetivos están plasmados en el diálogo que hemos preparado y que nuestra meta inmediata es comunicarlo. Para completar este punto, veremos un poco más adelante las distintas técnicas asertivas que se pueden poner en práctica.

Entre los numerosos **beneficios** que aporta la puesta en práctica de la asertividad, resaltan los siguientes:

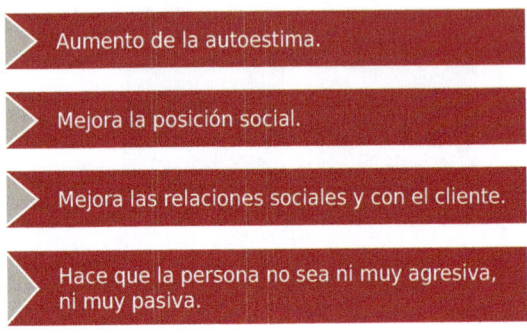

Aumento de la autoestima.

Mejora la posición social.

Mejora las relaciones sociales y con el cliente.

Hace que la persona no sea ni muy agresiva, ni muy pasiva.

Técnicas de asertividad

Existen técnicas y reglas que, aprendidas y aplicadas, permiten ejercer eficazmente la asertividad. A continuación, se explican algunas de ellas.

Técnica del disco roto o rayado

Consiste en repetir una y otra vez el argumento que se defiende, manteniendo siempre la calma y sin ser alterado por cualquier provocación. Produce que nuestro interlocutor se dé cuenta de que no va a conseguir nada con sus ataques o provocaciones.

 **EJEMPLO**

Imagina que eres encargado/a de una tienda de decoración y un proveedor insiste en que debes adquirir unas nuevas lámparas de pie que, según él, están teniendo muy buen resultado de ventas, pero sabes que son antiguo *stock* al que quieren dar salida a toda costa.

Continúa en página siguiente >>

<< Viene de página anterior

- **Proveedor:** "Tienen que adquirir estas nuevas lámparas. Están funcionando en el mercado de maravilla".
- **Encargado:** "No estoy interesado, gracias".
- **Proveedor:** "Les haríamos un precio especial, puesto que son buenos clientes".
- **Encargado:** "No, gracias, no nos interesa".
- **Proveedor:** "Sería una estupenda compra, las venderían muy bien".
- **Encargado:** "No me interesa (y cambia el tema)".

Cuando haya repetido la misma frase tres veces, el vendedor probablemente ya se habrá dado cuenta de que realmente no estás interesado. Como persona asertiva, ha de aceptar el hecho de que él debe pedirle que considere su oferta, pero usted también puede decir que no.

Técnica del banco de niebla

Esta técnica consiste en no negar, contrarrestar o defenderse de las críticas que se reciben. Se puede reconocer cualquier verdad contenida en la crítica que recibimos o reconocer la posibilidad de la verdad de la crítica, pero sin necesidad de pedir perdón, humillarnos o justificarnos por ello. Con esta técnica se da, de cierta manera, la razón al interlocutor y, aparentemente, se está cediendo. Sin embargo, el otro terminará por enterarse que tampoco se cambiará de opinión.

 **EJEMPLO**

Sigamos con el ejemplo del proveedor que desea endosarnos las lámparas pasadas de moda:

- **Proveedor:** "Tiene un pésimo gusto al no comprar estas lámparas".
- **Encargado:** "Es cierto, podría tener mejor gusto del que tengo".

Pregunta asertiva

Esta técnica consiste en pedir más información a la persona que te está criticando. Se parte de la idea de que la crítica del interlocutor es bien intencionada (aunque no lo sea). Se hace una pregunta para que nos clarifique lo que hemos hecho mal y cómo podemos hacerlo bien. Averiguaremos si las intenciones son buenas o no, e incluso te permite descubrir si se trata de un consejo o una mera manipulación.

👁 EJEMPLO

Continuamos en la tienda de decoración, en la que ya hemos despedido, por fin, al insistente proveedor. Entonces llega Sara, una habitual y bastante avispada clienta. Sara comienza a mirar los cuadros y se dirige al dependiente:

- **Sara:** "Los cuadros son preciosos, pero demasiado caros".
- **Dependiente:** "¿Por qué le parecen caros?".
- **Sara:** "Los he visto iguales pero más baratos".
- **Dependiente:** "¿Es posible? ¿Dónde los ha encontrado más baratos?".
- **Sara:** "En X tienda de decoración".

Nosotros sabemos que la tienda de decoración "X" es una tienda de artículos de imitación y baja calidad. Probablemente Sara sepa que se trata de láminas y no de cuadros pintados, pero estaba intentando conseguir una rebaja o descuento. Así, teniendo nosotros esta información, podremos defendernos mejor.

7.3. Escucha activa

La escucha activa en atención al cliente consiste en realizar un esfuerzo para **oír y comprender** las palabras de nuestros clientes.

Al escuchar eficazmente se puede comprender a las otras personas, lo que les motiva, lo que les preocupa y cómo les afecta el tema que están tratando. Es la manera de acceder a las capacidades de las personas, sus conocimientos, sus diferentes perspectivas, su experiencia, sus talentos, ideas y sugerencias.

Para poder motivar, persuadir y convencer a las personas; para conseguir su colaboración y su compromiso; para trabajar eficazmente en equipo y para liderar, es esencial **saber escuchar.**

Conociendo las **dificultades que implica escuchar activamente,** es responsabilidad de la persona encargada de la atención al cliente saber elaborar mensajes significativos y estimulantes que despierten interés y entendimiento en el receptor. Asimismo, su obligación en el papel de receptor será la de escuchar activamente, tener actitud de apertura para entender, comprender y evaluar el mensaje y quizá lograr empatizar. Con esta disposición se está en posibilidad de cumplir de forma más efectiva nuestra labor.

A continuación, se exponen los principales obstáculos que entorpecen la capacidad de escucha:

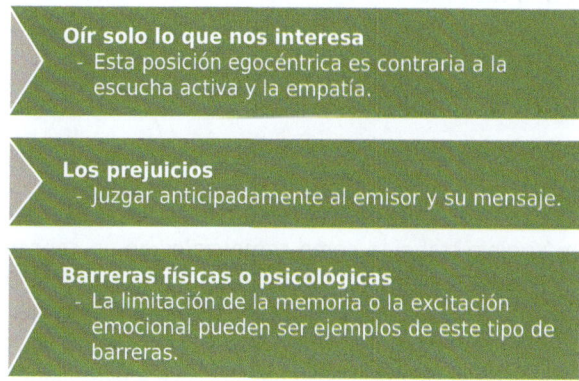

A continuación, se profundizará cómo mejorar la capacidad de la escucha activa, así como los beneficios que esta aporta en la atención al cliente.

Para mejorar la capacidad de escucha activa, se deben considerar las **recomendaciones** que se exponen a continuación.

Dedicar tiempo suficiente a las conversaciones

Aunque se tengan que realizar otras tareas, a la hora de escuchar se debe estar relajado y desechar las prisas. Debemos centrarnos en el cliente y que este no perciba que estamos molestos por el tiempo transcurrido.

Lograr la concentración

Si la atención sobre nuestro cliente se ve mermada, también disminuye nuestra capacidad de escucha. Un pequeño descuido puede provocar que perdamos un detalle importante.

Conocer el tema

La escucha activa se ve favorecida por la información de la que se disponga sobre un tema, pues se pone más atención en las conversaciones que tratan sobre un tema conocido.

Todo lo contrario ocurre al desconocer por completo un tema. La ausencia de esquemas mentales en los que insertar los contenidos del nuevo tema provoca una disminución de la capacidad de atención, escucha y memorización.

 EJEMPLO

Vicente y Virginia trabajan como comerciales en un concesionario de coches. Virginia lleva en esta profesión doce años, por lo que conoce todo lo necesario del sector: modelos y cualidades de los coches de su casa, tipo de clientes, precios, datos sobre la competencia, etc. Por ello, nada más empezar a entablar conversación con el cliente y escuchar sus necesidades sabe lo que debe ofrecer. Vicente, en cambio, tan solo lleva un mes en el negocio, por lo que desconoce todo acerca del mundo del automóvil. Aunque presta atención a todo lo que le dicen sus clientes y pone en práctica la escucha activa, le es muy difícil comprenderlos y analizar sus necesidades por este mismo desconocimiento. Mientras que un cliente le está pidiendo un determinado motor de un modelo específico, él está intentando acordarse de cuál era ese modelo en el catálogo, por ello no puede centrar su atención plenamente en el cliente.

Propiciar un ambiente favorable

Con "ambiente" nos referimos, no solo a las características físicas del entorno, sino también a la actitud que mostramos hacia el cliente, que debe ser positiva para favorecer así la comunicación.

Reflexionar sobre el contenido de la conversación

Hay que reflexionar sobre todo lo que el interlocutor va contando. La atención y el análisis favorecen el procesamiento y memorización de la información obtenida.

Interpretar las señales vocales

Debemos focalizar nuestra atención en las señales vocales que puedan señalar que el cliente desea seguir hablando o quiere que intervengamos nosotros.

Las expresiones vocales tales como el volumen, tono, timbre, velocidad o ritmo de voz pueden aportarnos valiosa información sobre el cliente, y particularmente si a estas expresiones vocales asociamos el comportamiento no verbal de los mismos.

Joel Davidtz y Klaus Scherer clasificaron las emociones y sus efectos utilizando los rasgos de la voz:

CLASIFICACIÓN DE LAS EMOCIONES SEGÚN LOS RASGOS DE LA VOZ

Emociones primarias	
Enfado	**Alegría**
El enfado se caracteriza por un tono medio alto (229 Hz), un amplio rango de tono y una velocidad de locución rápida (190 palabras por minuto), con un 32 % de pausas.	Se manifiesta en un incremento en el tono medio y en su rango, así como un incremento en la velocidad de locución y en la intensidad.
Tristeza	**Disgusto/Odio**
El habla triste exhibe un tono medio más bajo que el normal, un estrecho rango y una velocidad de locución lenta.	Se caracteriza por un tono medio bajo, un rango amplio y la velocidad de locución más baja, con grandes pausas.

Continúa en página siguiente >>

<< Viene de página anterior

CLASIFICACIÓN DE LAS EMOCIONES SEGÚN LOS RASGOS DE LA VOZ	
Emociones primarias	

Miedo

 Comparando el tono medio con las otras cuatro emociones primarias estudiadas, se observó el tono medio más elevado (254 Hz), el rango mayor, un gran número de cambios en la curva del tono y una velocidad de locución rápida (202 palabras por minuto).

Emociones secundarias

Pena	Ternura
 Es una forma extrema de tristeza, generalmente causada por una aflicción. Se caracteriza por un bajo tono medio, el rango de tono más estrecho, la pendiente de la curva de tono más baja, una velocidad de locución baja y un alto porcentaje de pausas.	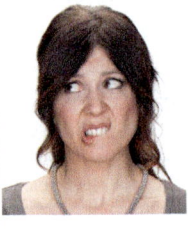 Se expresa con un alto nivel de tono que no fluctúa excesivamente.
Ironía	**Sorpresa**
 Caracterizada por una velocidad de locución baja y una acentuación muy marcada.	 Con un tono medio mayor que la voz normal, una velocidad igual a la normal y un rango amplio.

Respetar las peculiaridades de cada cliente

Como ya se ha visto, los prejuicios y los estereotipos limitan la escucha activa. Por esta razón, es necesario evitarlos a toda costa y tratar de ser lo más objetivo posible. Así que no juzgaremos su personalidad, imagen o aquellos signos externos que puedan hacernos crear una imagen errónea. Al construir una imagen negativa de nuestro cliente-interlocutor, desviaremos nuestra atención hacia dichos aspectos negativos, por lo que nuestra escucha será menos efectiva y perderemos gran parte de la información que este cliente puede proporcionarnos.

Beneficios de la escucha activa en la atención al cliente

El desarrollo de habilidades de escucha activa proporcionará una serie de beneficios a la atención al cliente, en particular, y a la corporación, en general:

Se obtiene mayor información del cliente
- De esta forma, podemos conocer sus deseos y opiniones y, en consecuencia, anticiparnos a su actuación y ofrecerle el producto deseado.

Se obtiene una mayor cooperación por parte del cliente
- Se siente cómodo e importante al ser escuchado, por lo que se mostrará más cooperativo a la hora de revelarnos sus opiniones, sugerencias, etc.

Se gana confianza para tomar decisiones
- Al haber detectado más fácilmente los argumentos del cliente, estos pueden ser empleados como valiosa información en el momento de decidir sobre cualquier cuestión relativa.

Se relajan las situaciones tensas o de conflicto
- Los clientes, al sentirse escuchados, sienten también que se están preocupando por ellos, así que su enfado tiende a disminuir.

 **RECUERDA**

En la escucha activa es necesario sortear las barreras que se interponen entre el emisor del mensaje y el interlocutor.

8. Comunicación no presencial

☞ HILO CONDUCTOR

En la sede principal del grupo empresarial LIMPISA se sitúan los departamentos de *telemarketing* y atención al cliente. Estos departamentos tratan directamente con los clientes de la empresa, pero se comunican con ellos a través de medios telemáticos.

El personal que trabaja en estos departamentos debe conocer las técnicas de comunicación no presenciales para brindar un buen servicio al cliente.

La **comunicación telefónica** se ha convertido en un medio indispensable para las empresas. Hoy día nadie concibe una actividad empresarial sin teléfono.

Pero se debe ser consciente que a pesar de su utilidad y carácter práctico, el teléfono limita nuestra comunicación a la voz. Por ello, esta circunstancia debe ser tenida en cuenta seriamente para que se lleve a buen puerto la conversación.

La telefonía constituye un método de comunicación indispensable para las empresas.

A continuación, se trabajarán las características y tipologías de la comunicación no presencial.

8.1. Características y tipología

La comunicación no presencial se suele caracterizar por estar más limitada que la presencial, ya que mientras en ella no se suelen emplear todos los sentidos para la comunicación, en la comunicación presencial todos los sentidos sirven para transmitir información, de forma que el mensaje se ve mucho más reforzado.

Existen diferentes **medios de comunicación no presencial:**

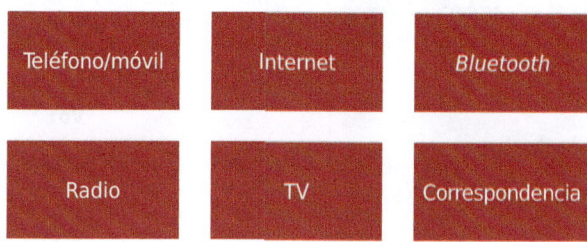

A continuación, nos centraremos en la comunicación telefónica, debido al enorme peso que esta tiene en la atención al cliente. Resulta indispensable saber hablar bien por teléfono en el área de la atención comercial.

8.2. Elementos y fases de una conversación telefónica

Los **elementos básicos** de una conversación telefónica son:

Elementos de la conversación telefónica	
	Silencio
	Se ha de escuchar activamente, dejar hablar, informar en las esperas y ofrecer alternativas.

Continúa en página siguiente >>

<< Viene de página anterior

Elementos de la conversación telefónica

Actitud

Se debe cuidar la postura del cuerpo, ya que una postura correcta nos ayuda a hablar con un ánimo optimista y positivo. Con frecuencia a través del teléfono se transmite nuestro estado de ánimo y nuestros problemas personales, esto se debe evitar y quedar al margen.
El buen profesional es el que al coger el teléfono comunica entusiasmo y deseos de poseer todos los medios a su alcance para resolver los problemas del cliente, dejando a un lado su situación anímica personal.

Voz

Debemos tener un tono acogedor, hablar más lento que si se tuviese al interlocutor delante y vocalizar bien.

Lenguaje

Se han de usar las palabras adecuadas a cada situación. Expresiones breves y concisas y evitar tecnicismos innecesarios. El lenguaje ha de ser positivo y evitar el negativo. El lenguaje positivo utiliza expresiones motoras (inmediatamente, ya, enseguida, etc.), fórmulas de cortesía (por favor, gracias, etc.), palabras que venden (seguridad, rentabilidad, etc.), hablar en presente evitando el futuro y condicional. El lenguaje negativo engloba casos tales como: el tuteo, palabras negativas (imposible, no, problema, etc.), expresiones agresivas (¿está seguro?, ¿quién lo ha dicho?, etc.), expresiones dubitativas (puede ser, creo que sí, etc.).

Sonrisa

La sonrisa se percibe a través del teléfono. Transforma el tono de voz, la humaniza, predispone positivamente a quien escucha, hace más amable la conversación, transmite confianza.

En una conversación telefónica hay que seguir una serie de **fases elementales:**

1. **Prepararse:** antes de descolgar, debe tener el material que se ha de utilizar debidamente preparado en todo momento, perfectamente accesible y ordenado, y debe abandonar lo que esté haciendo. No hay nada más importante ni más urgente que atender la llamada, ya que lo contrario llevará a no atender correctamente al cliente. Si está hablando debe callar. Se debe descolgar antes del tercer "ring".
2. **Acoger:** al descolgar el teléfono tiene que sonreír, identificar la empresa o departamento y saludar y hablar con dinamismo. Al mismo tiempo debe evitar lo contrario, es decir, el no sonreír, el no identificar la empresa o departamento, no saludar o hablar sin agilidad.
3. **Sondear:** para lograrlo debe tomar la iniciativa haciendo preguntas y evitar que sea el interlocutor quien dirija la conversación, averiguar con quién está hablando, evitando mantener una conversación impersonal, demostrar interés y nunca mostrar apatía, utilizar un tono seguro y amable, reformular cuando sea necesario.
4. **Resolver:** debe continuar dirigiendo la conversación y evitar perder el control, dejando que el cliente sea quien pida soluciones, debe ofrecer la información o solución correcta.
5. **Cerrar:** para cerrar correctamente deberá llegar a un compromiso concreto y evitar dejar en el aire el acuerdo final y confirmar los datos del acuerdo.
6. **Despedir:** para despedir la conversación deberá terminar siempre sonriendo, agradecer la llamada al cliente y saludar, identificarse cuando sea necesario y despedir por su nombre al cliente cuando sea oportuno.

 **NOTA**

Para abordar con éxito una conversación telefónica con un cliente, hay que tener en cuenta cada una de las fases anteriores.

8.3. Barreras y dificultades: modelos de comunicación telefónica

En todo proceso de comunicación existen factores externos, a menudo deformantes del mensaje, que se denominan **parásitos** o **ruidos,** y que constituyen verdaderas barreras de comunicación.

Este hecho entraña, a nivel de recepción del destinatario, un efecto real no siempre exactamente coincidente con el efecto deseado y/o buscado.

Estas barreras **condicionan la eficacia de la comunicación.** A continuación, se analizan algunas de ellas:

Del mensaje	- Confuso y mal estructurado. - Incompleto. - Demasiado extenso, repetitivo. - Demasiado técnico.
Innovación	- No dar por supuesto el conocimiento de todo lo relacionado con aspectos nuevos para los interlocutores.
Ruido	- Elementos no sonoros, gestos, empleo inadecuado del mensaje, tono, etc.
Redundancia	- Partes del mensaje no necesarias; aquellas que no contribuyen a la comprensión del mensaje.
Contexto	- Es necesario tener en cuenta las relaciones que se establecen entre los interlocutores.
Factores externos personales	- Edad. - Sexo. - Facilidad de expresión y relación. - Estatus social. - Nivel jerárquico. - La percepción.

A continuación, se presentarán diferentes formas de hablar con la gente en función de la reacción que transmita el interlocutor.

Diferentes formas de hablar con la gente

A lo largo de la carrera profesional es posible que la gente con la que se hable por teléfono pueda tener reacciones de distinta índole. No obstante, expresándose por teléfono de una forma agradable, cortés y servicial, la persona con la que se habla quedará favorablemente impresionada.

Así, las reacciones de los interlocutores pueden ser de diferente modo y, por lo tanto, también lo será la forma de dirigirse a ellos. A continuación, se realiza una clasificación de la forma de hablar a las personas en función de su carácter.

Apagado

Son personas poco comunicativas, a veces parece como si sus pensamientos se encuentran en otro lugar.

¿Cómo hablarles?	- Si considera que la persona permanece anormalmente silenciosa o se muestra reacia a responder, hágale una pregunta abierta y escuche atentamente su contestación. - Si la pregunta abierta no da resultado, pruebe con una o dos preguntas cerradas; si le responde a una de estas, insista con una pregunta abierta para obtener más información.

Alegre

Personas comunicativas que suelen estar de buen humor, resulta fácil tratar con ellas.

¿Cómo hablarles?	- Usted debe reflejar el mismo estado de ánimo. - Si su interlocutor se siente feliz, debe alegrarse por él y aprovechar esta situación para intentar alcanzar la meta que se ha propuesto al llamarle por teléfono.

Locuaz o elocuente

Son personas que apenas le dejarán iniciar la conversación, se hace difícil detener su torrente de palabras. Normalmente se interesan mucho por los detalles.

¿Cómo hablarles?	- El único modo de tratar con personas de este talante es escuchar, a la espera de oír algo que le dé pie a decir lo que le interesa. - Si la persona no nos deja intervenir porque sigue hablando, toma notas de los puntos más favorables según vaya oyéndolos, tarde o temprano hará una pausa y entonces puedes intervenir. - Basta con dejarles hablar y hacerles de vez en cuando las apropiadas preguntas cerradas y abiertas para estimular y dirigir la conversación hacia donde nos interesa. - La razón de que la persona siga hablando es porque todavía no ha llegado a apreciar el interés y el valor de su propuesta. ¡Y nunca lo hará hasta que consigas hacerle callar para explicársela!

Mísero o calamitoso

Son personas que se encuentran en un estado de ánimo apagado, habitualmente ese estado de ánimo se debe a alguna circunstancia.

¿Cómo hablarles?	- Generalmente, lo mejor es cortar lo antes posible, pues, a no ser que puedas hacer algo positivo para contrarrestar la razón de su actitud, no conseguirás nada hablando. - Si conoces bien a la persona, podrás tratar de descubrir la razón de su abatimiento, usando una serie de preguntas abiertas muy cuidadosas, pero, por lo general, lo mejor es despedirse y llamar otro día.

Indeciso

Son personas que responden con evasivas e intentan aplazar las decisiones.

¿Cómo hablarles?	- Cuando la persona no se decide, decidiremos nosotros por ella. - Tomaremos una determinación que nos interese y le diremos que, en su momento, ya se cambiarían las cosas, si es necesario.

Agresivo

Son personas dominantes y agresivas que discuten fácilmente. No les importa ofender.

¿Cómo hablarles?	- Si conoces al interlocutor, sabrás si ese estado de ánimo es el habitual en él y ya sabrás cómo encontrar la forma de tratarle. - Si no conoces a la persona, hay que tener cuidado de no confundir las ganas de solucionar las cosas, la eficiencia, el espíritu de trabajo, etc., con la agresividad. - Sea del tipo que sea la pregunta, la orden o la petición que recibas, responde con prontitud, evitando sobre todo perderte en explicaciones o dar señales de inseguridad al empezar la contestación.

Amistoso y afable

Se mostrará de acuerdo con todo lo que se le diga, pero será difícil llevar las cosas a feliz término. Te tratará con toda familiaridad. Te dará tantas facilidades y te prometerá tantas cosas, que comprenderás la imposibilidad de que lleguen a materializarse.

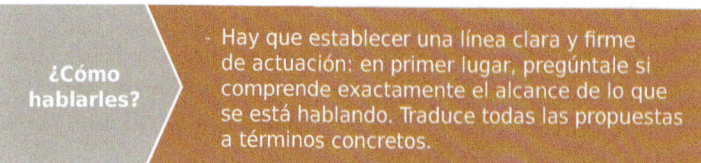

¿Cómo hablarles?	- Hay que establecer una línea clara y firme de actuación: en primer lugar, pregúntale si comprende exactamente el alcance de lo que se está hablando. Traduce todas las propuestas a términos concretos.

Los empleados del servicio de atención al cliente y *telemarketing* deben saber distinguir las personalidades de cada uno de los clientes con los que tratan y adaptar su modo de actuación en función de cada personalidad.

TAREA 12

Juana es nueva en el departamento de atención al cliente de una empresa de *telemarketing*, sus compañeros le han comentado que dependiendo del carácter de cada persona es conveniente que la conversación se lleve de una u otra forma, pero debido a su falta de experiencia no sabe nada de este tema.

Las tres primeras personas que va a atender Juana tienen un carácter amistoso, locuaz e indeciso. Explica cuáles son las técnicas de comunicación que debe emplear con cada una de ellas y cuáles son las fases para desarrollar la conversación telefónica.

8.4. Expresión verbal a través del teléfono

En una conversación telefónica, lo más importante para que esta se entienda es la **voz,** ha de sonar **clara, positiva** e **interesada.** El acento no es importante, pero sí lo es la **claridad.**

Para conseguir que la conversación que llevemos a cabo se escuche claramente, hay que:

- ➲ Tener cuidado en la elección de las palabras.
- ➲ Emplear palabras sencillas y frases fáciles de entender.
- ➲ Evitar la jerga y las expresiones locales, ya que pueden no ser fácilmente entendidas por los clientes.

Para hablar por teléfono se aconseja seguir las siguientes recomendaciones respecto a la **dicción y tonalidad telefónica:**

- ➲ **Articular lentamente:** articular lentamente las palabras separando las sílabas.
- ➲ **No gritar:** nunca grites, porque la voz se deformaría y el micrófono vibraría excesivamente.
- ➲ **No hablar alto:** no hables más alto de lo que hablarías en una conversación normal.
- ➲ **Longitud entre el teléfono y la boca de 3 cm:** la longitud idónea de separación entre el teléfono y la boca es de 3 cm, más en casos como manos libres.

○ **Tono bien modulado de conversación:** es preferible exagerar la suavidad que la violencia, pero un tono bien modulado de conversación es el que más conviene. Procura cultivarlo y verás que la gente te entiende y te escucha.

○ **No realizar otras acciones:** jamás debes hablar comiendo o con un lápiz entre los labios, ni entre bostezos, ni colocando la mano u otro objeto ante la boca.

○ **Exagerar la pronunciación de ciertos sonidos:** no temas exagerar la pronunciación de ciertos sonidos. Esto evitará las confusiones que son tan frecuentes por teléfono, sobre todo en números, referencias, etc., que deben ser objeto de una pronunciación particularmente cuidada.

○ **Velocidad moderada:** solo una velocidad moderada permite al oyente registrar bien los sonidos y comprender lo que se le dice.

8.5. Comunicación no verbal: la sonrisa telefónica

La sonrisa no es simplemente un movimiento gestual de la cara donde se ponen en funcionamiento unos cuantos músculos, sino que también expresa la alegría y satisfacción de ver o hablar con alguien. **La sonrisa trasciende,** es decir, que el interlocutor la nota instantáneamente.

Esto se debe a dos razones:

Física	Psicológica
- Los músculos del rostro se encuentran en una posición distinta y el tono de voz varía. Además influye en la respiración y forma de hablar.	- Resulta imposible hablar de manera neutral cuando uno está sonriendo. Las palabras que se utilizan y el tono de voz son diferentes.

 SABÍAS QUE...

La sonrisa supone dar la bienvenida.

Simboliza la apertura y buena disposición hacia el interlocutor. Habitualmente, un vendedor que no sonríe suele vender poco.

Continúa en página siguiente >>

<< Viene de página anterior

La sonrisa provoca que el interlocutor sienta empatía, al percibir que se identifica; por lo que se encuentra más dispuesto a expresar sus necesidades. Y esto, para un vendedor —o para alguien que busca construirse una imagen— es imprescindible.

Además, la sonrisa provocará el optimismo y creará una disposición de ánimo que hará imposible toda impaciencia o irritación.

Estos son algunos de los **motivos** por los que sonreír es importante al ofrecer un producto:

- **La sonrisa se contagia a nuestro interlocutor:** gracias a una sonrisa podemos infundirle un buen estado de ánimo.
- **Constituye una forma de romper el hielo:** presentarnos con una sonrisa constituye la mejor forma de acercamiento a nuestro cliente.
- **Demuestra sinceridad:** por teléfono no puede existir una sonrisa fingida. Si se pretende forzar una sonrisa fingida, el interlocutor lo notará inmediatamente y pensará que te estás burlando, y esto resultará totalmente contraproducente. No obstante, la sonrisa sincera a través del teléfono demuestra al cliente sinceridad y esto provoca confianza.
- **Aumenta las ventas:** en igualdad de condiciones (precio, calidad), el cliente siempre se decantará por el proveedor que más cortésmente le atendió, el que sonrió.
- **Mejora la imagen:** la imagen de la empresa se ve realzada cuando el personal que trabaja en ella sonríe, en concreto, el personal que trabaja de cara al público, ya sea presencial o telefónicamente.
- **Relaja el ambiente:** sonreír mientras se está realizando una venta:

  - Consigue tranquilizarte y también al cliente. Ello contribuye a ver todo más objetivamente.
  - Demuestra al resto que dominas el tema y la situación, lo cual aumenta la confianza de los clientes.

 SABÍAS QUE...

La risa cambia la química de la sangre, protege al organismo contra la enfermedad y la depresión.

8.6. Reglas de la comunicación telefónica

Cada contacto telefónico es particular y habrá que adaptarse a las circunstancias concretas que se presenten. No obstante, existen una serie de reglas cuyo cumplimiento facilitará la comunicación telefónica.

De manera general, tanto para **realizar como para recibir llamadas,** es necesario demostrar una serie de **actitudes** y tener en cuenta una serie de **pautas de carácter general,** que ayudarán a situarse convenientemente ante el teléfono:

- ⮞ Identificarse rápidamente, con las palabras justas y claras.
- ⮞ Al descolgar el auricular no se puede mantener simultáneamente otra conversación, ni siquiera por señas, pues distrae mucho.
- ⮞ No cubrir nunca el teléfono.
- ⮞ Situar el teléfono en la parte izquierda para manipularlo con esa mano, a fin de dejar libre la mano más activa, que suele ser la derecha. Así, esta se dejará libre para marcar números, tomar notas, etc.
- ⮞ Sonreír suavemente. La sonrisa contribuye a una entonación agradable.
- ⮞ No tener nada en la boca que pueda entorpecer la comunicación.
- ⮞ Tener siempre cerca un lápiz y un cuaderno de notas.
- ⮞ En un principio, no tutear a los interlocutores, tratar siempre de usted.
- ⮞ Hablar despacio, se entenderá mejor, además de provocar seguridad y tranquilidad, tanto en uno mismo como en el interlocutor. También favorecerá la generación y ordenación de las ideas.
- ⮞ Pronunciar claramente y hacerse oír con expresión nítida.
- ⮞ Escuchar activamente y evitar repeticiones.
- ⮞ Procurar inspirar confianza y seguridad. Esto hará que el interlocutor piense que trata con una empresa eficiente.
- ⮞ Una vez que el interlocutor da su nombre, resulta muy conveniente recordarlo para las próximas llamadas.
- ⮞ Si durante la conversación no se entiende algo, pedir amablemente que lo repitan.
- ⮞ Si no queda más remedio que interrumpir, debe hacerse de la manera más cortés posible.
- ⮞ Prever la sustitución en momentos de ausencia, para no dejar el teléfono sin asistencia.
- ⮞ No terminar el primero ni bruscamente. Terminar la conversación amablemente y posando el auricular con suavidad. Puede decirse: "Gracias por llamar".

 **RECUERDA**

Las habilidades sociales como la empatía (ponerse en el lugar del otro), la asertividad (defender los propios derechos sin ser agredidos y sin agredir) o la escucha activa (escuchar atentamente) son indispensables en cualquier tipo de comunicación. Por supuesto, también en la comunicación telefónica.

A continuación, se exponen las consideraciones que deben tenerse en cuenta a la hora de **realizar llamadas telefónicas:**

- Los horarios en los que se realizan las llamadas, no se debe telefonear muy temprano ni muy tarde, además no es aconsejable realizar llamadas durante las horas de las comidas.
- Por regla general, si una llamada no contesta al décimo tono hay que colgar el teléfono.
- Cuando se realizan llamadas a países extranjeros hay que considerar la diferencia horaria.

Para **recibir llamadas,** las **recomendaciones** que deben seguirse son las siguientes:

Ausencia momentánea

Si debes buscar alguna información y tienes que abandonar el teléfono, discúlpate ante el interlocutor: "disculpe un momento, voy a informarle". Si la espera ha durado más de lo previsto, te excusarás nuevamente: "perdone la espera...".

Respuesta rápida

Contesta el teléfono lo antes posible. No esperes más de tres tonos para descolgarlo.

Primer contacto

Una vez descolgado el auricular, primero saludarás y posteriormente te identificarás, pudiendo decir: "nombre de la empresa + saludo + nombre".

 **EJEMPLO**

Una contestación estándar podría ser: "Muñecox, buenos días, le atiende Marta". A esto se le podría añadir: "¿En qué puedo ayudarle?".

No dar información que no es cierta

Nunca digas "le atenderán enseguida" si sabes que, en realidad, el interlocutor tendrá que permanecer varios minutos en espera.

Apuntar datos

Cuando recibas una llamada, apunta el nombre de la empresa y la persona que te ha llamado.

Línea ocupada

Si tienes que pasar una llamada y la línea está ocupada, informa de ello a tu interlocutor. En el caso de que desee esperar, cada medio minuto le dirás: "Disculpe, la línea sigue ocupada". Cuando la línea quede libre, dile: "Gracias por la espera, le paso con...".

Recados

En el caso de que te dejen recados para otras personas de la empresa, debes anotar el nombre de la persona que ha llamado y la empresa a la que pertenece, el mensaje que te ha dejado y la hora de llamada.

8.7. El mensaje y el lenguaje en la comunicación telefónica: el lenguaje positivo

Al hablar, nos encontramos con que hay muchas palabras que se pronuncian de igual manera, pero que tienen unos significados muy distintos. Estas son las denominadas **homónimas.** También hay palabras diferentes pero que, a través del teléfono, se pueden confundir. Hay que poner cuidado en evitar que este tipo de palabras sean un obstáculo para comunicar lo que se quiere decir exactamente.

A pesar de su libertad, incluso el lenguaje hablado debe cumplir ciertos requisitos, sobre todo, en lo referente a la claridad.

NOTA

Si se utiliza un lenguaje claro, este será fácil de comprender, de interpretar y traducir.

A la hora de entablar una conversación telefónica, los hablantes usamos un **registro** determinado que depende del grado de formalidad en la relación de los interlocutores. Los registros, como usos específicos de la lengua que se manifiestan en cada hablante voluntaria o involuntariamente, determinan las distintas características de la conversación.

Los dos tipos de registros posibles, el **coloquial** y el **formal,** se definen según los **parámetros situacionales** que se muestran en el siguiente esquema:

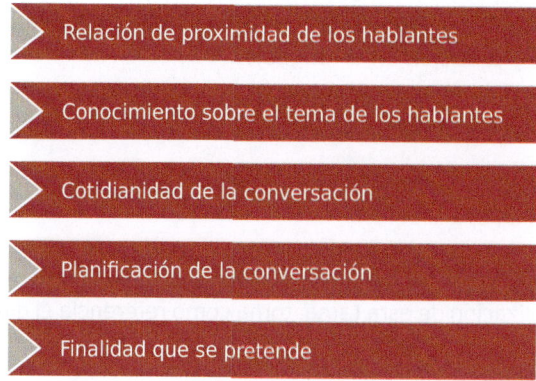

> Relación de proximidad de los hablantes

> Conocimiento sobre el tema de los hablantes

> Cotidianidad de la conversación

> Planificación de la conversación

> Finalidad que se pretende

El dominio de los usos coloquiales y formales está íntimamente relacionado con el nivel sociocultural de cada hablante. No obstante, el uso de estos registros no impide el empleo de recursos de cortesía, por ejemplo, el uso de expresiones como "por favor".

Aunque cada contacto telefónico es particular, existen una serie de reglas generales cuyo cumplimiento facilita la comunicación. Asimismo, también se pueden explicitar una serie de actitudes positivas y negativas a la hora de hablar por teléfono.

 TAREA 13

Para el desarrollo de esta actividad debes elaborar un diálogo que parta de la siguiente situación y teniendo en cuenta las indicaciones que se exponen a continuación.

"El vendedor ha realizado una llamada telefónica al cliente para realizar el servicio posventa de un producto. Aprovechando la ocasión, el cliente pregunta por los accesorios o complementos que podría incluir al producto adquirido. El

Continúa en página siguiente >>

<< Viene de página anterior

vendedor deberá realizar una exposición de los accesorios e intentar cerrar una venta".

El diálogo se iniciará teniendo en cuenta las debidas normas de protocolo, debes adaptar la actitud del vendedor a la situación de la que se parte y emplear las técnicas y actitudes necesarias para el desarrollo de la conversación, controlando la claridad y precisión en el lenguaje.

TAREA 14

Para la realización de esta tarea, toma como referencia el diálogo que elaboraste en la tarea 13.

Debes leerlo con detenimiento para identificar cuáles son los elementos de la comunicación que intervienen y analizar el comportamiento del cliente.

9. La comunicación escrita

HILO CONDUCTOR

En el departamento de *telemarketing* del grupo LIMPISA, se recogían los datos de los pedidos de los clientes mediante llamadas telefónicas. En varias ocasiones, los teleoperadores han tomado mal la nota de los pedidos de los clientes, ocasionando gastos innecesarios a la organización.

Para solventar este problema, el responsable de atención al cliente ha tomado una serie de medidas, una de ellas consiste en pedir a los clientes que envíen correos electrónicos con los datos de sus pedidos.

En la atención al cliente la comunicación escrita desempeña un papel muy importante. Este tipo de comunicación permite **flexibilidad en el tiempo** pues, cuando la comunicación es oral, ambos participantes tienen que dedicar un momento exacto a ese acto. No obstante, la comunicación escrita hace que se reciba y se emita la información en el momento que se desee, produciéndose, igualmente, un acto de comunicación.

La comunicación escrita es ideal para mantener las relaciones con los clientes.

A continuación, se definen algunos de los medios que utilizan este tipo de comunicación.

9.1. Cartas

Actualmente, se han multiplicado los medios que permiten la comunicación escrita. Las nuevas tecnologías de la información y de la comunicación han facilitado este proceso con los *e-mails*, chats, etc.

Esto hacía presagiar que la carta tradicional desaparecería. Sin embargo, esto no ha sucedido.

Aún sigue teniendo vigencia y mucha importancia en el mundo empresarial.

Para escribir una carta correctamente hay que seguir una serie de pasos e incluir unos elementos mínimos. En la siguiente imagen podrás ver qué **elementos** componen una carta.

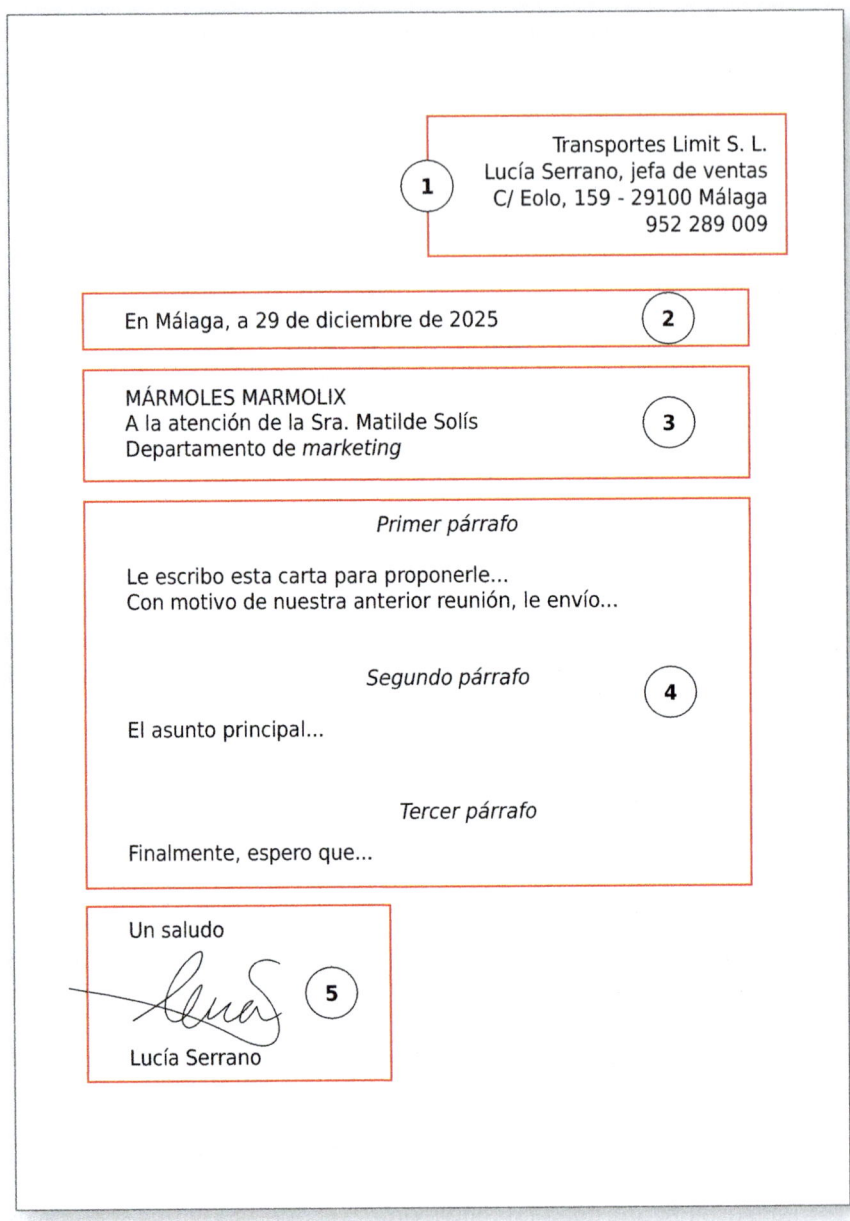

A continuación, podrás relacionar cada uno de los números de la imagen para conocer las características de cada elemento:

1. **Membrete:** se compone de una serie de datos que se incluyen en la esquina superior derecha de la primera página de la carta. El motivo de

ubicarlo en ese lugar es hacer saber al destinatario desde un primer momento quién envía la carta.

El membrete debe contener los datos principales de la persona o corporación que dirige la carta.

2. **Fecha y lugar:** en segundo lugar es necesario especificar la fecha en la que se escribe la carta y también el sitio en el que se encuentra el remitente. Esta información ayuda a ubicar más a nuestro destinatario.

3. **Destinatario:** aquí se indica la información referente al destinatario de la carta, es decir, la persona que debe leerla. Normalmente este párrafo incluye tres partes:

   a. Entidad o empresa.
   b. Nombre y apellidos del destinatario.
   c. Nombre del departamento en el que se encuentra el destinatario.

4. **Cuerpo de la carta:** esta sería la parte central de la carta. En ella se redactan, de manera expositiva, los hechos que han motivado la escritura y envío de la carta. El cuerpo de la carta se divide en tres párrafos, cuya extensión no debe ser muy prolongada para no provocar el aburrimiento del lector:

   a. Introducción: en este párrafo se exponen los antecedentes del asunto.
   b. Párrafo principal: en él se argumenta el tema de manera detallada. Este párrafo, a su vez, puede ser dividido en más párrafos si se tratan varios asuntos.
   c. Despedida: se hace una breve conclusión de todo lo expuesto y se concreta lo que deseamos, solicitamos o el acuerdo al que queremos llegar.

5. **Despedida:** para finalizar la carta, debemos despedirnos del destinatario con un saludo cordial, posteriormente pondremos nuestro nombre y apellidos y firmaremos a mano la carta.

La comunicación escrita sigue teniendo gran importancia en las empresas actuales, ya que permite tener un registro de las comunicaciones internas y externas.

El sobre

El sobre es un elemento muy importante de la carta, pues es lo primero que ve y toca el destinatario, además de ser el elemento que hace que llegue a su destino.

El sobre tiene **dos partes:**

Frente

Contiene los datos del
destinatario y el sello

Reverso

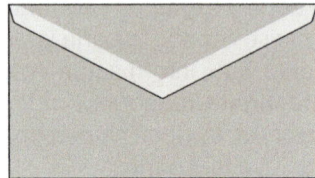

Contiene los datos
del remitente

NOTA

Actualmente no es necesario incluir los datos del remitente de la carta en el reverso, ya que se pueden incluir en el propio diseño de la carta, en la parte frontal.

9.2. El fax

El fax se emplea para enviar casi en tiempo real, cierta cantidad de información impresa. A través de él se puede enviar cualquier tipo de documento, no obstante, dicha información debe ser precedida por una carátula en la que se identifiquen una serie de **datos,** entre los que se destacan los siguientes:

- **Para:** identifica al destinatario.
- **De:** identifica al remitente.
- **Fax:** se incluye el número de fax del remitente.
- **Teléfono:** se incluye el número de teléfono del remitente.
- **Fecha:** indica la fecha en la que es enviado el fax.
- **Páginas:** especifica el número de páginas que se incluyen en el envío de ese fax, teniendo en cuenta también la carátula.
- **Asunto:** se especifica el asunto a tratar.
- **Otros:** se pueden incluir otros datos en la carátula del fax, según las necesidades de los usuarios.

ACTIVIDAD COMPLEMENTARIA

7. Elabora el diseño de la carátula de un fax en la que los protagonistas sean los personajes utilizados en el ejemplo de la carta vista anteriormente.

Transportes Limit S. L.
Lucía Serrano, jefa de ventas
C/ Eolo, 159
29100 Málaga
952 289 009

En Málaga, a 29 de diciembre de 2025

MÁRMOLES MARMOLIX
A la atención de la Sra. Matilde Solís
Departamento de *marketing*

Primer párrafo
Le escribo esta carta para proponerle...
Con motivo de nuestra anterior reunión, le envío...

Segundo párrafo
El asunto principal...

Tercer párrafo
Finalmente, espero que...

Un saludo
Lucía Serrano

 **TAREA 15**

Una empresa ha contratado a María para desarrollar una estrategia de *marketing* relacional. Una de las funciones más importantes que desarrollará en el departamento será realizar llamadas telefónicas y enviar escritos a sus clientes para que estos se sientan importantes y la empresa consiga fidelizarlos.

Explica a María cuáles son los parámetros, formas y actitudes que caracterizan la atención y asesoramiento al cliente mediante el teléfono y la comunicación escrita.

9.3. Correo electrónico: elementos clave

En la actualidad, el correo tradicional ha sido sustituido en gran medida por el correo electrónico, debido a la **rapidez en su envío, su bajo coste** y **la comodidad** que supone.

Se pueden enviar **grandes cantidades de información** a través del correo electrónico:

Todo ello de forma cómoda y sin movernos de nuestro puesto de trabajo, la recepción es casi instantánea. Los únicos requisitos para hacer uso del *e-mail* son disponer de un terminal con **acceso a internet** y una **cuenta** en alguno de los **servidores de correo electrónico.**

A continuación, se analizará brevemente **cómo se debe usar** el correo electrónico.

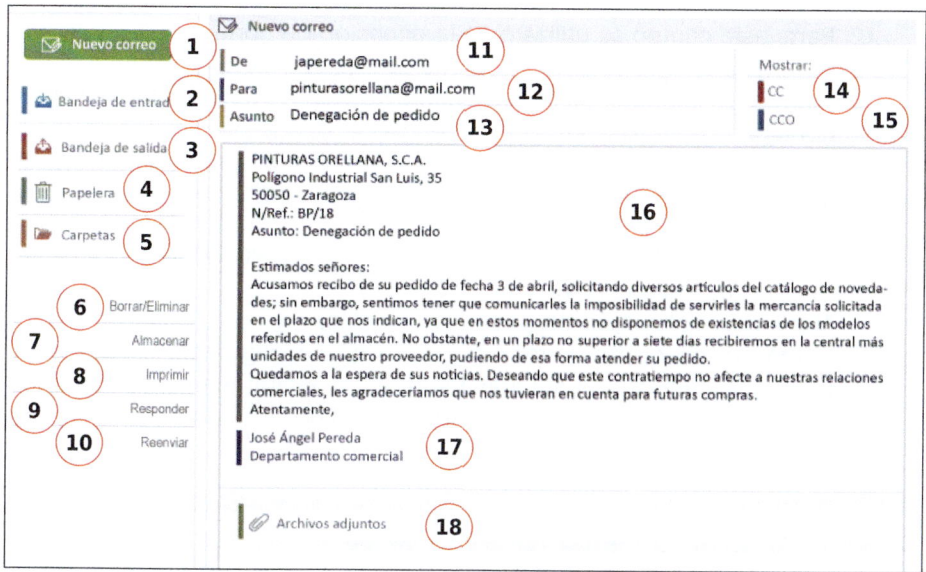

A continuación, podrás relacionar cada uno de los números de la imagen con las funciones/características de cada elemento:

1. **Nuevo correo:** abre una ventana con un mensaje nuevo para ser enviado.
2. **Bandeja de entrada:** se trata del principal elemento del correo electrónico. En ella se reciben los mensajes de los contactos de la cuenta y otros usuarios.
3. **Bandeja de salida:** aquí quedan almacenadas las copias de los correos electrónicos enviados por el usuario de la cuenta.
4. **Papelera:** contiene aquellos mensajes que han sido eliminados. Cuando los correos se encuentran en la papelera, todavía pueden recuperarse. Para borrarlos de manera definitiva es necesario vaciar la papelera.
5. **Carpetas:** la mayoría de los clientes guardan los correos electrónicos en carpetas del gestor de correo electrónico utilizado.
6. **Borrar/Eliminar:** se borra el mensaje seleccionado.
7. **Almacenar:** se mueve el mensaje seleccionado a la carpeta **Archivados.**
8. **Imprimir:** se imprime el mensaje seleccionado.
9. **Responder:** abre un mensaje nuevo para ser enviado al remitente de otro mensaje que hemos recibido.
10. **Reenviar:** envía un mensaje recibido por nosotros a las personas que deseemos.
11. **De:** dirección de correo electrónico del remitente. La mayoría de las veces no es necesario completar este campo, ya que lo suele determinar el cliente del correo electrónico según sus preferencias.

12. **Para:** este campo se utiliza para la dirección de correo electrónico del destinatario.
13. **Asunto:** es el título que el destinatario ve cuando recibe el correo electrónico.
14. **CC:** este campo permite que un correo electrónico se envíe a una gran cantidad de personas al escribir las respectivas direcciones separadas por comas.
15. **CCO:** es una CC, salvo que en esta ocasión el receptor no podrá ver la lista de destinatarios en el campo CCO.
16. **Mensaje:** es el cuerpo del correo electrónico.
17. **Firma:** si el cliente del correo electrónico lo ha configurado, es posible insertar una firma, esto es, agregar una serie de líneas al final del documento.
18. **Archivos adjuntos:** es posible adjuntar uno o varios archivos a un correo electrónico.

9.4. Mensajería instantánea: características

La mensajería instantánea constituye una mezcla entre el **chat** y el **correo electrónico.**

El servicio de mensajería instantánea consiste en una ventana en la que aparecen dos subventanas: en una de ellas aparece lo que se va escribiendo, que es enviado en tiempo real a uno o varios receptores, estos reciben esta información en tiempo real; y en la otra ventana va apareciendo lo que escriben los receptores.

Estas aplicaciones han supuesto un verdadero avance en las comunicaciones con los clientes. Muchas empresas las han incorporado en sus páginas web o *apps* para ofrecer al cliente asesoramiento en tiempo real sobre productos o servicios, ayuda para finalizar compras, soporte técnico o cualquier otro tipo de asesoramiento.

WhatsApp y Facebook Messenger son las aplicaciones de mensajería instantánea más usadas en la actualidad.

Este sistema, que permite la **comunicación escrita en tiempo real,** también resulta muy útil en el terreno laboral, pues permite interconectar a varias personas que se encuentran distanciadas para que mantengan una conversación en tiempo real sin desplazarse ni mantenerse colgadas a un teléfono.

NOTA

La mensajería instantánea aprovecha la infraestructura de Internet para mantener la comunicación escrita. A ello se añade la posibilidad de enviar documentos adjuntos en el momento en que se necesiten.

9.5. Comunicación en las redes: internet/intranet

Tanto **internet** como **intranet** (que usa la infraestructura de esta primera) han sido decisivos para desarrollar nuevos sistemas de la comunicación en general, y, en particular, de la comunicación escrita.

Internet es una herramienta que supone una gran oportunidad para acercar al cliente, las web corporativas son un punto de apoyo y complementariedad para las empresas.

Los clientes pueden acceder a la web de nuestra empresa para:

Atención al cliente
- El cliente también puede presentarnos sus quejas, sugerencias, reclamaciones y aportaciones a través de la web. Para ello, se destinará un espacio específico dedicado a esta función.

Conocernos
- Las empresas se pueden dar a conocer a través de internet, ya sea usando su propia web o anunciándose en otras.

Venta *online*
- Del mismo modo que se realiza la compraventa presencial, también se puede usar la red para esto.

Continúa en página siguiente >>

<< Viene de página anterior

Ampliar información
- Los clientes pueden conocer nuevas facetas o productos ofertados por la empresa.

Intranet es una red de ordenadores privados que aprovecha la infraestructura de internet para compartir **dentro de una organización** sus sistemas de información y sistemas operacionales.

La intranet es una red de ordenadores privados

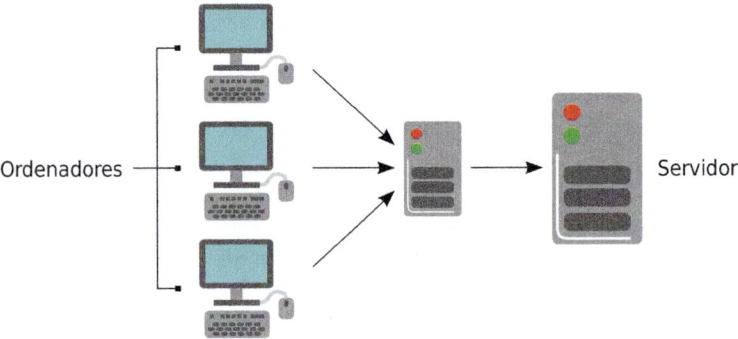

Ordenadores   Servidor

Esta herramienta resulta muy útil para desempeñar el trabajo en las empresas, pues permite el acceso a una serie de información común desde distintos ordenadores. Resulta aún más imprescindible si la empresa tiene distintos centros repartidos geográficamente.

 TAREA 16

Trabajas en el departamento comercial de una empresa. Uno de tus clientes te ha mandado un correo electrónico para realizar una consulta sobre la disponibilidad de un producto concreto y su tiempo de entrega.

Redacta un correo electrónico para el cliente de forma clara y concisa, en el que expongas los siguientes puntos:

Continúa en página siguiente >>

<< Viene de página anterior

- La cantidad de producto que desea el cliente no está disponible en este momento, solo se podría enviar la mitad del pedido.
- El tiempo de entrega de la mercancía oscila entre 2 y 3 días laborables.
- La otra mitad del pedido está en proceso de fabricación, tardaría 2 semanas en fabricarse.

Recuerda identificarte e identificar al destinatario en la redacción del correo según las normas de protocolo correspondientes, adaptando la redacción a la situación de partida y reflejando en el escrito técnicas y actitudes que favorezcan el desarrollo de la comunicación.

----

10. Resumen

La **comunicación comercial** es el proceso de interacción que se produce entre el cliente y el servicio de atención al cliente, se lleva a cabo mediante el proceso de la comunicación suscitado entre los distintos elementos que intervienen en el proceso comercial.

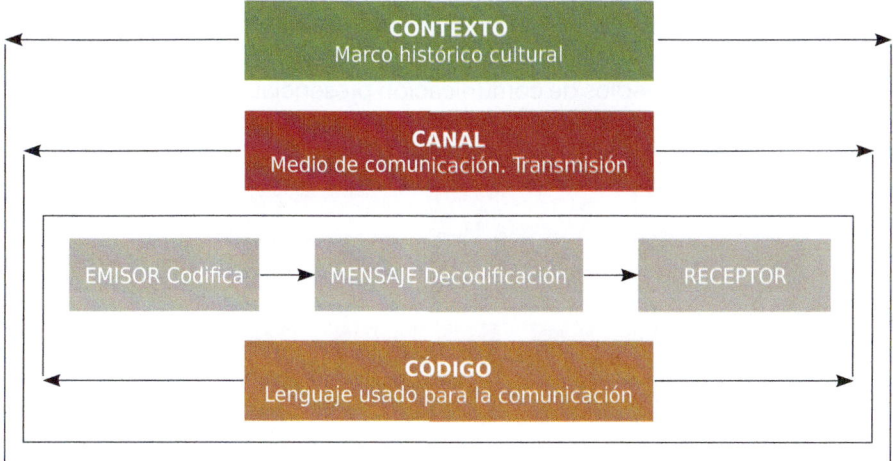

En la comunicación se distinguen varios **niveles:**

⮑ Comunicación entre dos personas:

       ◖ Interpersonal
       ◖ Intrapersonal

    ➲ Comunicación con más de dos personas:

       ◖ Intermedia
       ◖ Masiva
       ◖ Organizacional
       ◖ Grupal

Esta comunicación, ya sea **verbal o no verbal,** puede verse obstaculizada por ciertas **barreras** que pueden distorsionar el discurso, en algunas ocasiones pueden llegar incluso a impedirlo.

Todas nuestras ideas son comunicadas a través del lenguaje, el sistema de comunicación más perfecto y completo del que disponemos. Es por eso que es necesario su correcto manejo, sobre todo para el personal que trata con el cliente que deberá familiarizarse y desarrollar técnicas de **asertividad, empatía** y **escucha activa.**

Además del lenguaje verbal, en la comunicación comercial es muy importante el lenguaje no verbal; este se puede dividir en tres ámbitos de estudio:

➲ Kinesia
➲ Paralingüística
➲ Proxémica

Además de los medios de comunicación presencial, en las empresas tienen un gran peso los medios de comunicación no presenciales, como:

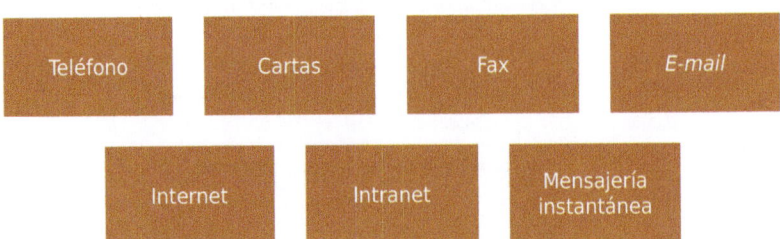

| Teléfono | Cartas | Fax | E-mail |

| Internet | Intranet | Mensajería instantánea |

Ejercicios de autoevaluación
Unidad de Aprendizaje 2

1. ¿Cómo se denomina la comunicación que se dirige desde los niveles subordinados hacia la dirección?

- a. Comunicación relacional
- b. Comunicación descendente
- c. Comunicación ascendente
- d. Comunicación lateral

2. Relaciona cada uno de los elementos de la comunicación humana con su definición.

- a. Emisor
- b. Canal
- c. Código
- d. Situación

___ Es el medio por el cual se transmite la información.

___ Es la persona que elige y selecciona los signos adecuados para transmitir el mensaje.

___ Conjunto de reglas propias de cada sistema de signos y símbolos que el emisor utiliza para transmitir el mensaje.

___ Tiempo y lugar en que se realiza el acto comunicativo.

3. Determina cuáles de las siguientes afirmaciones son verdaderas o falsas.

- a. La empatía es la capacidad de recibir y comprender las vivencias de otras personas, especialmente los estados de ánimo.

  - ■ Verdadero
  - ■ Falso

- b. La comunicación interpersonal es la que se produce en el interior de la persona, el diálogo de uno consigo mismo.

  - ■ Verdadero
  - ■ Falso

c. La comunicación intermedia se produce cuando se comunican dos individuos que se encuentran próximos entre sí.

  ■ Verdadero
  ■ Falso

4. ¿Cuál es el rol más adecuado para manejar información?

  a. León
  b. Lechuza
  c. Perro
  d. Hipopótamo

5. Identifica cuál de las siguientes barreras de la comunicación se considera ambiental.

  a. Excesiva rapidez hablando.
  b. Prejuicios relacionados con la edad.
  c. Uso incorrecto de los diferentes registros lingüísticos.
  d. Distracciones visuales.

6. Ordena las fases de una presentación.

  __ Expresar gratitud por haber conocido al interlocutor.
  __ Decir alguna cualidad que nos identifique.
  __ Entrega de una tarjeta de contacto.
  __ Saludo.
  __ Indicar nuestro nombre y apellidos.

7. ¿Cómo se denominan los gestos que se producen durante la comunicación verbal y que sirven para ilustrar lo que se está diciendo?

  a. Gestos ilustrativos
  b. Gestos patógrafos
  c. Gestos emblemáticos
  d. Gestos de adaptación

8. **Identifica con qué tipo de conducta se relaciona la siguiente frase: "Exagera para demostrar su superioridad, voz autoritaria y postura rígida".**

    a. Conducta asertiva
    b. Conducta pasiva
    c. Conducta autoritaria
    d. Conducta agresiva

9. **Explica en qué consiste la técnica asertiva denominada *el banco de niebla*.**

    _____
    _____
    _____
    _____

10. **Identifica cómo debe hablarse a una persona de carácter alegre.**

    a. El vendedor debe reflejar el mismo estado de ánimo.
    b. Si considera que la persona permanece anormalmente silenciosa o se muestra reacia a responder, hágale una pregunta abierta y escuche atentamente su contestación.
    c. El único modo de tratar con personas de este talante es escuchar, a la espera de oír algo que le dé pie a decir lo que le interesa.
    d. Tomaremos una determinación que nos interese y le diremos que, en su momento, ya se cambiarían las cosas, si es necesario.

11. **Cita los elementos principales que componen una carta.**

    _____
    _____
    _____
    _____

Glosario

Abreviatura

Consiste en la reducción de una palabra mediante la supresión de letras finales o centrales, y que, por lo general, finaliza con un punto. Por ejemplo: atte. (Por "atentamente"), sr. (Por "señor"), dra. (Por "doctora").

Access

Esta base de datos ha sido creada por *Microsoft,* resulta bastante útil a nivel usuario.

Acrónimo

Según el drae es un "tipo de sigla que se pronuncia como una palabra. Por ejemplo, ovni: o(bjeto) v(olador) n(o) i(dentificado)".

Archivar

Procedimiento de clasificar, organizar y conservar los registros de una empresa de manera metódica.

Archivo activo

Es aquel donde los documentos son consultados frecuentemente. La documentación es actual, resulta accesible y está situada en un área cercana al puesto de trabajo.

Archivo centralizado

Significa que todos los documentos de la empresa están emplazados en el mismo lugar. Las principales ventajas de la centralización son: la economía de espacio, la información es más fácilmente localizable, la responsabilidad del cuidado de los documentos está definida y, por tanto, permite un control en su utilización.

Archivo descentralizado o departamental

En este caso, cada departamento de la empresa tiene su propio archivo. La principal ventaja es la rapidez de acceso a los documentos.

Archivo horizontal
Los documentos son almacenados uno encima del otro.

Archivo inactivo
Se conservan los documentos de consulta poco frecuente, que tienen utilidad temporal. Son los denominados archivos históricos. El tipo de documento que se guarda es el relativo a los que legalmente deben permanecer por un tiempo determinado hasta su destrucción, o simplemente tienen un valor documental.

Archivo lateral
Los documentos se archivan uno al lado del otro como los libros de las estanterías en una biblioteca.

Archivo mixto
Permite que los archivos activos y semiactivos estén descentralizados o en los diferentes departamentos y, a su vez, permite que el archivo inactivo esté centralizado.

Archivo semiactivo
Está formado por los documentos no activos de más de un año que son materia de consulta aunque no frecuente. La frecuencia de consulta de los documentos en él guardados es pequeña, en general, una vez al año.

Archivo vertical
Los documentos son almacenados en carpetas individuales, colgando de una guía dentro de las gavetas.

Archivo
Conjunto orgánico de documentos que una persona, sociedad o institución, produce en el ejercicio de sus funciones o actividades.

Asertividad
Es la habilidad y/o conducta que permite a la persona expresar sus deseos de una manera amable, franca, abierta, directa y adecuada, logrando decir lo que se quiere sin atentar contra los demás, negociando con ellos su cumplimiento.

Barreras en la comunicación
Obstáculos que pueden llegar a distorsionar, desvirtuar o impedir parcial o totalmente el mensaje, y se sitúan entre el emisor y el receptor.

Base de datos
Una base de datos es un conjunto de datos organizados y clasificados según una serie de criterios de clasificación de la información.

Bibliografía
Listado de las fuentes consultadas que se han tomado como referencia o documentación, para la elaboración del trabajo.

Bluetooth
Tecnología que permite transferir archivos de forma electrónica.

Cajas de archivo
En ellas se guarda la documentación que se quiere cerrar como definitiva.

Campos
Se corresponden con las columnas de la tabla.

Canal
Medio a través del cual se transmite la información-comunicación, estableciendo una conexión entre el emisor y el receptor.

Chat
Sistema que hace posible la comunicación en tiempo real, al igual que el teléfono, pero en este caso, mediante el ordenador usando textos, con una o varias personas, tanto a nivel nacional como internacional.

Cita
Consiste en reproducir las palabras de una personalidad notable, para así conferir mayor autoridad al discurso.

Clasificación alfabética
Ordena la documentación de acuerdo con la secuencia alfabética.

Clasificación alfanumérica
Clasifica los ficheros utilizando una combinación de los números naturales y de las letras del alfabeto, o anteponiendo primero las letras y después los números.

Clasificación cronológica
Es un sistema que utiliza las fechas para ordenar o registrar documentos.

Clasificación documental
Técnica para la identificación y la reagrupación de sistemas de los datos y de las informaciones similares, según características comunes que pueden ser diferenciadas.

Clasificación geográfica
Es utilizada, normalmente, para ordenar la correspondencia con la clientela o los ficheros de clientes, o también las listas de direcciones.

Clasificación numérica
Ordenan los documentos siguiendo la secuencia natural de los números.

Clasificación por asuntos o materias
Ordena los documentos según los asuntos, ideas o contenidos que los caracteriza, como pueden ser las devoluciones de ventas, por qué se han producido, etc.

Código
Conjunto de reglas propias de cada sistema de signos y símbolos que el emisor utilizará para transmitir su mensaje.

Comunicación comercial
Proceso de interacción que se produce entre el cliente y el servicio de atención al cliente, se lleva a cabo mediante el proceso de la comunicación suscitado entre los distintos elementos que intervienen en el proceso comercial.

Comunicación de transferencia
Tipo de comunicación unidireccional. La persona receptora actúa posteriormente como emisora de la información que ha recibido anteriormente y así de manera sucesiva.

Comunicación externa
Conjunto de mensajes con contenido informativo de la organización, dirigidos a mejorar o crear las relaciones con los diferentes públicos relacionados con la empresa, de tal manera que se proyecte una imagen favorable de la misma.

Comunicación grupal
Este tipo de comunicación se da cuando un grupo de individuos forman una unidad comunicativa, es decir, emiten el mismo mensaje como una sola unidad, se persigue un objetivo común del conjunto de personas.

Comunicación intermedia
Se trata de un tipo de comunicación que participa tanto de rasgos de la comunicación personal como de la masiva; sería, como su propio nombre indica, una comunicación intermedia entre ambas. Los medios que se utilizan para transmitir los mensajes son, entre otros, el teléfono, estaciones radiotelegráficas, el satélite y teletipo. Esta comunicación se distingue por la presencia de un instrumento técnico en el cual participan sujetos identificables.

Comunicación interna
Comunicación que se genera dentro de la empresa, facilitando enormemente su funcionamiento, pues esto produce que los mensajes transmitidos se entiendan de una manera fácil y eficaz.

Comunicación interpersonal
Esta comunicación se produce cuando se comunican entre sí, de forma directa, dos personas que se encuentran físicamente próximas, produciéndose así el correspondiente *feedback*.

Comunicación intrapersonal
Comunicación que se produce en el interior de la persona. Es el diálogo de uno consigo mismo. Somos nuestro emisor y receptor al mismo tiempo.

Comunicación masiva
El mensaje se dirige a un público masivo. En ella pueden intervenir o no las nuevas tecnologías de la comunicación: TV, internet, etc.

Comunicación multidimensional
Un determinado emisor dirige su comunicación hacia distintos individuos.

Comunicación no verbal
Es aquella donde las personas revelan algo más que el lenguaje hablado, por gestos, expresiones faciales, lenguaje corporal, tono de voz, etc. Esto transmite lo que se piensa y siento.

Comunicación organizacional
Comunicación interpersonal, una variedad de la misma, que presenta ciertas peculiaridades. Se produce en cualquier organización en la que sea necesaria la jerarquía y el flujo en función de decisiones del poder.

Comunicación presencial
Cara a cara, se utilizan todos los tipos de comunicación, tanto verbal como no verbal. Por ello, es la más rica. El mensaje comunicativo se ve reforzado por los distintos modos de comunicación: una frase puede ser complementada con un gesto.

Comunicación recíproca
El emisor y el receptor alternan sucesivamente sus roles. Unas veces se escucha y otras se habla.

Comunicación unidireccional
En ella el emisor y el receptor no se intercambian los papeles.

Contacto visual
Mirada que una persona dirige a la mirada de otra; son importantes dos aspectos: la frecuencia con la que miramos al otro y el mantenimiento del contacto ocular.

Correo electrónico
Servicio de red que permite a los usuarios enviar y recibir mensajes y archivos rápidamente mediante sistemas de comunicación electrónicos.

Cuerpo
Se describe y se detalla todo el proceso desarrollado: actividades, experiencias, sucesos, sujetos y/o personas, etc.

Cuestionarios de satisfacción
Evalúan y miden el grado de satisfacción de los clientes/usuarios con respecto al servicio prestado y el trato dispensado por parte del personal de la empresa.

Dicción
Es básicamente la pronunciación.

Distancia social
Espacio personal, está estrechamente relacionado con la distancia física.

E-mail
También conocido como correo electrónico, es un servicio que permite el intercambio electrónico de correspondencia.

Emisor
Es el punto (persona, organización, etc.) que elige y selecciona los signos adecuados para transmitir su mensaje; es decir, los codifica para poder llevarlos de manera entendible al receptor, inicia el proceso comunicativo.

Empatía
Capacidad de entender los pensamientos y emociones ajenas, de ponerse en el lugar de los demás y compartir sus sentimientos.

Entonación
Es la modulación de la voz, las inflexiones producidas en la misma, que acompañan a la cadena de sonidos del habla.

Escucha activa
Consiste en realizar un esfuerzo por oír y comprender las palabras de nuestros clientes.

Estampillado
Poner un sello de verificación.

Expresión facial
Es el medio más rico e importante para expresar emociones y estados de ánimo, junto con la mirada.

Extranjerismos
Palabras que son tomadas de un idioma extranjero.

Factor emocional
No guarda relación alguna con el contenido de la comunicación y puede llegar a condicionarlo.

Factor racional
Analiza el contenido de la comunicación y decide si lo utiliza o no.

Fichero
Conjunto organizado de datos de carácter personal, cualquiera que fuere la forma o modalidad de su creación, almacenamiento, organización y acceso.

Formulario
Una plantilla para el modelado de la base de datos. Es la forma más cómoda de introducir, modificar y ver registros en una tabla *Access*.

Fuentes de información
Son las personas u organizaciones de las que se obtienen los datos que posteriormente serán objeto de análisis en el proceso de la investigación comercial.

Fuentes primarias externas
La información se obtiene a partir de datos que proceden del entorno empresarial.

Fuentes primarias internas
La información se obtiene a partir de datos de la propia empresa.

Fuentes primarias
Son las que generan datos primarios, es decir, aquellas que se obtienen de modo específico para la investigación que se va a efectuar.

Fuentes secundarias externas
Atendiendo a su procedencia, los datos pueden ser de fuentes públicas o privadas.

Fuentes secundarias internas

Son datos que están en la empresa; ejemplo de ellos son los informes y memorias de los diferentes departamentos, los datos contables, los datos de ventas, las quejas y sugerencias de los clientes.

Fuentes secundarias

Son las que contienen datos secundarios, que ya estaban disponibles, pues se habían obtenido en estudios anteriores y sirven para los fines de la investigación que se va a realizar.

Gestos

Movimientos del rostro y de las manos con los que expresamos diversos afectos del ánimo.

Hojas de reclamaciones

Instrumento eficaz que pueden utilizar los consumidores y usuarios para defender y proteger sus intereses, para expresar a la Administración con competencias en materia de consumo su disconformidad en los casos en que considere que un producto, bien o servicio adquirido de una empresa o comercio no reúne las características y exigencias por las que paga.

Homónimo

Palabras que se pronuncian de igual manera pero que tienen significados distintos.

Índice

Ocupa la segunda página del informe. En él se referencian los títulos y subtítulos de las distintas partes del informe y también la página en la que empiezan. Su propósito es dar a conocer la organización general del trabajo y servir como guía.

Información

De manera general, se puede decir que la información es todo aquello que se da y recibe sobre un hecho, tema o situación.

Informe

Es un texto expositivo y argumentativo gracias al cual se transmite una información y se exponen unos datos dirigidos a un destinatario que, normalmente, deberá tomar una decisión respecto al tema tratado en el texto.

Informes comerciales

Contienen información sobre las operaciones mercantiles realizadas por empresas o personas físicas.

Informes de mercado
Son los que aportan información acerca de las posibilidades de éxito de una empresa, producto o servicio.

Informes expositivos
Son aquellos que se limitan a facilitar una información objetiva, prescindiendo de su análisis. Exponen la información sin más.

Informes personales
Recogen información sobre los candidatos a ocupar un puesto de trabajo.

Informes resolutivos
Son los informes que se elaboran a partir de un problema planteado, facilitando la información necesaria acerca del mismo y, tras una valoración de los datos, se ofrecen alternativas para solucionar ese problema planteado.

Informes valorativos
Facilitan una información y analizan los datos que contiene. En estos informes se analiza más a fondo la información proporcionada.

Interferencia o barrera
Perturbación que sufre la señal en el proceso comunicativo; se puede dar en cualquiera de sus elementos.

Internet
Red mundial de comunicaciones basada en ordenadores que comparten sus recursos e información a través de sistemas de transferencia de datos, interconectado a millones de personas e instituciones en todo el mundo.

Intranet
Red de ordenadores privada basada en los estándares de internet.

Introducción
Consiste en una presentación del informe, en la cual se trata de atraer la atención del lector, ofreciendo una visión general del tema que se va a tratar, en uno o varios párrafos donde se realiza una breve descripción del trabajo total y de los objetivos del mismo.

Kinesia
Comprende el estudio de la expresión de los mensajes corporales no verbales, concretamente de la postura corporal, los gestos, la expresión facial, la mirada y la sonrisa.

Lectura silábica

Consiste en leer en voz alta cualquier texto, con la particularidad de tratar de separar las sílabas y abriendo la boca exageradamente, con el fin, de controlar la respiración durante la pronunciación de cualquier oración y/o palabra.

Lenguaje SQL

Lenguaje de acceso a bases de datos que permite especificar diversos tipos de operaciones y también permite hacer cambios y efectuar consultas con el fin de recuperar información.

Listas de interés

Sistema encargado de distribuir mensajes electrónicos a un conjunto de individuos o entidades que participan de intereses comunes. No es necesario que se conozcan entre sí para comentar, intercambiar y discutir distintas perspectivas sobre algún tema común que a todos interese.

Mensaje

Contenido de la información (contenido enviado). Conjunto de ideas, sentimientos, acontecimientos expresados por el emisor y que desea transmitir al receptor para que sean captados de la manera que desea el emisor. El mensaje es la información.

Microsoft SQL Server

Base de datos creada por *Microsoft,* destinada al tratamiento de informaciones mayores.

Mirada

Uno de los elementos no verbales de mayor importancia.

MySql

Se trata de una base de datos, con licencia GPL, basada en un servidor, su mayor ventaja es la rapidez en la realización de las operaciones. Sin embargo, no resulta recomendable usarla cuando se debe manejar una gran cantidad de datos o imágenes que permiten acceder a otros documentos, capaz de soportar aplicaciones multimedia.

Niveles de seguridad

Determinan en mayor o menor medida la seguridad de protección de los datos.

Nuevo registro

En *Access,* botón que sirve para incluir un dato nuevo en una tabla.

Numérico
Los datos se componen de números.

Ocio rural
Actividades recreativas que se dan en entornos rurales.

Orientación
Ángulo con el que el cuerpo está dirigido a los demás. Cuanto más de frente se sitúa una persona hacia los demás, mayor será el nivel de implicación.

Online (en línea)
Hace referencia a un estado de conectividad, frente al término 'fuera de línea' *(offline)* que indica un estado de desconexión.

Papel membretado
Son hojas de papel dedicadas específicamente para escribir las cartas y otras informaciones escritas, que contienen la información del membrete.

Paralingüística
Es parte del estudio de la comunicación humana que se interesa por los elementos que acompañan a las emisiones propiamente lingüísticas y que constituyen señales e indicios no verbales.

Portada
Constituye la primera página del informe, en ella se recoge el título del informe, nombre de la persona, empresa o departamento que lo solicita, nombre del autor o autores y fecha de terminación del mismo.

Posición corporal
Se define por la disposición del cuerpo a aceptar a otros en la interacción.

PostgreSql y Oracle
Este tipo resulta muy apropiado para administrar grandes cantidades de información. Habitualmente se utilizan para intranets y sistemas de gran envergadura.

Postura corporal
Hace referencia a la posición del cuerpo o de sus partes en relación con un sistema de referencia.

Presentaciones
Dar el nombre de una persona a otra en presencia de ambas para que se conozcan.

Proceso de archivo

Se ocupa de recepcionar, ordenar, clasificar y conservar adecuadamente los documentos en un lugar determinado, a fin de localizarlos fácil y rápidamente y protegerlos de pérdidas y deterioros, etc.

Proxémica

Es el conjunto de comportamientos no verbales relacionados con la utilización y estructuración del espacio inmediato de la persona, es decir, las distancias que asumimos en determinadas situaciones comunicativas.

Quejas

Atienden a la expresión de disgusto por parte del cliente, normalmente motivado por el servicio prestado por la empresa.

Receptor

Es el punto (persona, organización, etc.) al que se destina el mensaje, realiza un proceso inverso al del emisor, ya que en él está el descifrar e interpretar lo que el emisor quiere dar a conocer.

Recíproco

Se intercambia información entre los sujetos.

Reclamación

Por su naturaleza, resulta más grave. El error suele ser importante, y el cliente que reclama espera y exige una compensación.

Registros

Se corresponden con las filas de la tabla.

Retroalimentación (mensaje de retorno)

También conocida como *feedback,* es la condición necesaria para la interactividad del proceso comunicativo, siempre y cuando se reciba una respuesta (actitud, conducta, etc.), logrando la interacción entre el emisor y el receptor.

Rol

Es la función o papel que desempeña alguien o algo en una determinada situación.

Selectores de registro

En *Access,* los recuadros que aparecen a la izquierda de cada fila de una tabla.

Sistema de telecomunicaciones
Los sistemas de telecomunicaciones son sistemas de comunicación que emplean señales eléctricas, electromagnéticas u ópticas para transmitir el mensaje.

Situación
Tiempo y lugar en que se realiza el acto comunicativo.

Soporte digital
El archivo se almacena en medios electrónicos.

Soporte físico
El archivo se guarda en estanterías o muebles habilitados para tal fin.

Tabla
Conjunto de datos interrelacionados entre sí, se subdividen en columnas y filas.

Tarjetero
Fichas empleadas para registrar direcciones, listas de personas, etc.

Telnet
Servicio que hace que un ordenador concreto pueda ser manejado desde otro, sin importar la distancia a la que se encuentren. Este método se usa principalmente para transferir archivos de un ordenador a otro, permite, con mayor rapidez que otros, traspasar información en grandes cantidades.

Textual
Los datos están compuestos por texto, palabras o letras.

Unidireccional
Va en una sola dirección. Se dice que la comunicación es unidireccional cuando no hay reciprocidad en el proceso comunicativo.

URL
Acrónimo de *Uniform Resource Locator,* es una secuencia de caracteres, de acuerdo a un formato modélico y estándar, que se usa para nombrar recursos en internet para su localización o identificación, como por ejemplo documentos textuales, imágenes, vídeos, presentaciones digitales, etc.

Vista hoja de datos
Muestra los datos ordenados en una cuadrícula por filas y columnas.

Vocabulario

Conjunto de palabras que forman parte de un idioma completo.

Word Wide Web (www)

Es un sistema de información en línea, basado en el "hipertexto" (los documentos o páginas web están entrelazados mediante vínculo, que son palabras o imágenes que permiten acceder a otros documentos), capaz de soportar aplicaciones multimedia.

Bibliografía

Monografías

→ AAKER, D.: *Construir marcas poderosas*. Barcelona: Gestión 2000, 2007.

En este libro el autor expone con un enfoque eminentemente práctico todos aquellos elementos que pueden ayudar a maximizar el valor de una marca.

→ ALCAIDE, J. C.: *Alta fidelidad: técnicas e ideas operativas para lograr la fidelidad del cliente*. Madrid: ESIC, 2002.

El autor de esta obra profundiza en el concepto de satisfacción como uno de los componentes necesarios de la fidelidad, insistiendo en el hecho de que sin una satisfacción sostenida en el tiempo no hay fidelidad.

→ BECHWITH, H.: *Enamore a sus clientes*. Barcelona: Empresa Activa, 2004.

En esta obra se recogen las tendencias que determinan el comportamiento de los consumidores del futuro, así como las reglas esenciales para lograr el éxito.

→ BLANCO Prieto, A.: *Atención al Cliente*. Madrid: Pirámide, 2007.

Esta obra expone los principios básicos de atención al cliente y la psicología del consumidor, analizando las variables implicadas en las relaciones con el cliente y las pautas para el desarrollo de las habilidades sociales necesarias.

→ ESCORIZA, L., PAREDES, M. J. y VARO, C.: *Usos y normas de la comunicación escrita: libro de estilo de la Universidad de Cádiz*. Cádiz: Servicio de Publicaciones de la UCA, 2013.

Publicación destinada a servir de ayuda o guía en la presentación de un escrito, de una forma organizada, coherente e informativa y utilizando una expresión correcta y adaptada al registro correspondiente.

→ FERNÁNDEZ Rico, E., y FERNÁNDEZ Rico, D.: *Comunicación empresarial y Atención al Cliente*. Madrid: Thomson Paraninfo, 2017.

> Esta obra explica los elementos y las formas de comunicación interna y externa de una empresa, analiza el contenido y la estructura de la comunicación escrita entre las empresas privadas y expone las técnicas más aconsejables a la hora de establecer la comunicación verbal y no verbal con el cliente.

→ GARCÍA Casermeiro, M. J.: *Técnicas de Investigación Comercial*. Antequera: Innovación y Cualificación, 2009.

> Las fases que definen cualquier proyecto de investigación comercial o el análisis y valoración de los resultados obtenidos en una investigación de mercados son solamente algunos de los aspectos más relevantes de este libro.

→ GARCÍA Casermeiro, M. J.: *Publicidad en el Punto de Venta*. Antequera: Innovación y Cualificación, 2010.

> En este libro la autora analiza y valora aquellos elementos publicitarios que los clientes pueden encontrarse en el interior de un punto de venta.

→ GARCÍA Prado, E.: *Tratamiento de quejas y reclamaciones de clientes de servicios financieros*. Madrid: Ediciones Paraninfo, 2014.

> Esta obra recoge de manera pormenorizada el procedimiento legal específico que existe para la resolución de las reclamaciones relativas al sector financiero, entre otros aspectos.

→ KOTLER, P. y ARMSTRONG, G.: *Fundamentos de marketing*. México: Pearson Educación, México, 2013.

> Los autores de este libro profundizan, entre otros aspectos, en la definición y el proceso de *marketing*, la comprensión de los consumidores y el diseño de las estrategias de *marketing*.

→ LARSON, W. W.: *Mejorar la Atención al Cliente*. Madrid: Prentice Hall, 2002.

> Esta obra analiza aquellos aspectos necesarios para conocer por medio de los resultados la influencia de una correcta y adecuada atención al cliente, alcanzando la excelencia en el servicio y atención al mismo.

→ PAVÍA Sánchez, I.: *Comunicación en las relaciones profesionales*. Antequera: IC Editorial, 2020.

> Este libro explica cómo aplicar técnicas de comunicación efectiva en situaciones de relaciones profesionales con personas internas o externas de la empresa u organización, seleccionando las pautas de actuación apropiadas en función de los distintos elementos, barreras, dificultades y alteraciones.

→ VICIANA Pérez, A.: *Guía Básica de la Atención Telefónica al Cliente.* Antequera: Innovación y Cualificación, 2009.

> En esta guía el autor expone las pautas y comportamientos básicos de atención telefónica al cliente, haciendo especial hincapié en las actitudes a evitar en lo que al profesional se refiere.

Textos electrónicos, bases de datos y programas informáticos

→ Ayuntamiento de Córdoba, de: <http://www.consumo.ayuncordoba.es>.

> Sitio web del Servicio Municipal de Consumo del Ayuntamiento de Córdoba a través del cual se realizan mediaciones de hojas de quejas y reclamaciones y se gestionan las solicitudes de arbitraje, entre otros trámites.

→ Consumoteca, de: <http://www.consumoteca.com>.

> *Website* destinado a la publicación de información actual e independiente elaborada por expertos y consumidores cualificados.

→ Marketing XXI, de: <http://www.marketing-xxi.com>.

> Web especializada en temas de *marketing* y tendencias relacionadas con el sector de las ventas.

→ Portalcalidad, de: <http://www.portalcalidad.com>.

> Portal web especializado en la publicación de artículos relacionados con la calidad, el medioambiente y la prevención de riesgos laborales.

→ Portal de mercadotecnia, de: <http://www.promonegocios.net>.

> *Website* especializado en la provisión de artículos, directorios, foros y recursos relacionados con la mercadotecnia.

→ Portal de relaciones públicas, de: <http://www.rrppnet.com.ar>.

> Sitio web especializado en materia de comunicación, imagen, *marketing*, *mass media*, relaciones públicas, responsabilidad social y temas variados.